Cristãos a serviço do Reino

Coleção Discípulo Missionário
- *Pastoral da Acolhida: guia de implantação, formação e atuação dos agentes* – José Carlos Pereira
- *Cristãos a serviço do Reino: formação do agente pastoral na paróquia* – Núcleo de Catequese Paulinas (NUCAP)

NUCAP – Núcleo de Catequese Paulinas

Cristãos a serviço do Reino

Formação do agente pastoral na paróquia

Dados Internacionais de Catalogação na Publicação (CIP)
(Câmara Brasileira do Livro, SP, Brasil)

Cristãos a serviço do Reino : formação do agente pastoral na paróquia / Nucap - Núcleo de Catequese Paulinas. — São Paulo : Paulinas, 2009. — (Coleção discípulo missionário)

Bibliografia
ISBN 978-85-356-2413-7

1. Evangelização 2. Ministério - Igreja Católica 3. Ministério leigo - Formação 4. Ministério leigo - Igreja Católica 5. Serviço (Teologia). 6. Teologia pastoral I. Nucap - Núcleo de Catequese Paulinas. II. Série.

09-00527   CDD-253

Índice para catálogo sistemático:

1. Agentes pastorais : Formação : Teologia pastoral : Cristianismo   253

Este livro segue a nova ortografia da Língua Portuguesa.

Direção-geral: *Flávia Reginatto*
Editores responsáveis: *Vera Ivanise Bombonatto*
e Antonio Francisco Lelo
Copidesque: *Anoar Jarbas Provenzi*
Coordenação de revisão: *Marina Mendonça*
Revisão: *Ana Cecilia Mari*
Direção de arte: *Irma Cipriani*
Gerente de produção: *Felício Calegaro Neto*
Projeto gráfico e editoração: *Manuel Rebelato Miramontes*

Nenhuma parte desta obra poderá ser reproduzida ou transmitida por qualquer forma e/ou quaisquer meios (eletrônico ou mecânico, incluindo fotocópia e gravação) ou arquivada em qualquer sistema ou banco de dados sem permissão escrita da Editora. Direitos reservados.

Paulinas

Rua Pedro de Toledo, 164
04039-000 – São Paulo – SP (Brasil)
Tel.: (11) 2125-3549 – Fax: (11) 2125-3548
http://www.paulinas.org.br – editora@paulinas.com.br
Telemarketing e SAC: 0800-7010081
© Pia Sociedade Filhas de São Paulo – São Paulo, 2009

O cristão, quanto mais toma consciência
de que pertence a Cristo, mais sente a necessidade
de partilhar seus dons com as pessoas na comunidade
e ir ao encontro delas anunciando
o amor misericordioso de Deus Pai
que está presente nele.

Introdução

"Constatamos que, em nossa Igreja, existem numerosos católicos que expressam sua fé e sua pertença de forma esporádica, especialmente através da piedade a Jesus Cristo, à Virgem, e de sua devoção aos santos. Convidamos esses a aprofundarem sua fé e participarem mais plenamente na vida da Igreja recordando-lhes que, em virtude do Batismo, são chamados a ser discípulos e missionários de Jesus Cristo."[1]

O cristão se compromete na comunidade como catequista, ministro da Palavra, animador da comunidade etc. Esses serviços ajudam as pessoas a assumirem sua identidade cristã e a colaborarem na missão da Igreja. Mas, para desempenhar tais funções, o leigo precisa de formação pastoral, doutrinal e espiritual.

---

[1] CEIAM. *Documento de Aparecida*; texto conclusivo da V Conferência Geral do Episcopado Latino-americano e Caribenho. São Paulo, CNBB/Paulus/Paulinas, 2007 n. 160.

Os encontros deste livro querem aprofundar a identidade do agente de pastoral para ser Igreja-comunidade. Destinam-se às pessoas que estão começando um trabalho pastoral e também àquelas que já têm experiência mas querem aprofundar suas motivações. Podem ser utilizados com grande proveito na preparação de assembleias paroquiais ou para dinamizar a vida das comunidades eclesiais. Têm por princípio a valorização das conquistas realizadas e querem despertar a consciência sobre as possibilidades e os desafios a serem superados.

O livro apresenta reflexões que promovem a unidade do trabalho pastoral por meio da ação pessoal e comunitária, tornando vivos e indispensáveis à vida da Igreja o discipulado e a missão do agente de pastoral.

Cada encontro, que só poderá produzir seus melhores frutos se for preparado com antecedência (atribuição das funções, separação dos materiais que serão utilizados etc.), quer despertar no coração dos cristãos leigos o sentido de pertença à comunidade e o desejo de aprofundar sua fé e missão para melhor desempenhar e viver sua vocação cristã como agente de pastoral.

Nosso intuito é envolver a todos, buscando não somente dar um novo impulso àqueles que estão engajados na vida da Igreja, mas também chamar os que estão mais distantes para que se aproximem, já que é o próprio Senhor que os convida, não importando a hora. Desejamos, pois, que todos os leigos, conscientes de sua vocação, possam abraçar a grande missão a eles confiada.

Cada encontro tem seu objetivo:

Encontro 1 — A experiência de Deus: perceber a dinâmica relacional que se dá entre Deus e o ser humano em toda a história da Salvação, culminando com a vinda de Cristo e chegando até nossos dias. Alertar quanto à crise de sentido que permeia a época em que vivemos e como ela pode influenciar nossas vidas.

Encontro 2 — A convocação que Jesus faz ao discipulado: contribuir para a construção de uma comunidade de amor na qual seus membros sejam unidos e comprometidos com o bem comum como eram as primeiras comunidades. Assim, do mesmo modo como Jesus chamou os doze apóstolos, hoje chama cada um de nós para participar de sua missão.

Encontro 3 — A vocação batismal: mostrar que todos os batizados estão diretamente ligados a Cristo e, como membros de seu corpo, que é a Igreja, são continuadores de sua missão na Igreja e no mundo.

Encontro 4 — A evangelização: mostrar que, pela vida nova trazida pelo Batismo, o cristão é convidado a tornar-se um anunciador da Palavra de Deus e de sua fé não só por palavras mas também por meio de sua conduta, e a atrair as pessoas pelo próprio exemplo.

Encontro 5 — Quem é o cristão leigo: aprofundar a identidade do cristão leigo, sua missão dentro da Igreja e seu chamado específico à santidade.

Encontro 6 — Como é a comunidade: apresentar a comunidade como um lugar privilegiado de comunhão que se desenvolve pela participação do clero, dos leigos e dos religiosos. É um trabalho conjunto em que cada um exerce sua função específica e valoriza a opinião e o trabalho de todos para que o Reino de Deus aconteça na comunidade e no mundo.

Encontro 7 — A espiritualidade: incentivar os cristãos a se comprometerem com o Evangelho de Jesus, sendo suas testemunhas em toda parte e enfrentando as transformações na sociedade atual.

Encontro 8 — Os desafios de pertencer à comunidade: sem ignorar os desafios dentro e fora da comunidade cristã, somos chamados a exercer a missão superando as dificuldades, porque contamos com a presença de Cristo e do Espírito Santo.

Encontro 9 — A formação permanente: o ritmo alucinante de mudanças impele a sociedade a redefinir padrões de comportamento e de compreensão da vida. O agente de pastoral é o primeiro a ser chamado a discernir os valores do Evangelho no centro das transformações, o que lhe exige constante estudo, oração e vida comunitária.

Encontro 10 — O protagonismo dentro e fora da Igreja: na medida de seus conhecimentos, competências, todo batizado exerce a corresponsabilidade na vida da Igreja, e seu *compromisso* e *engajamento* na missão tornam-se indispensáveis.

O grupo de trabalho do Nucap – Núcleo de Catequese Paulinas –, que elaborou esta obra, foi coordenado por Pe. Antonio Francisco Lelo (pedagogo e doutor em Liturgia) e teve como redatoras as catequistas Luzia Daniela Almeida Prado, Ana Regina de Oliveira (pedagogas e bacharéis em Teologia), Erenice Jesus de Souza (pedagoga) e Rosangela Aparecida de Oliveira (bacharel em Teologia).

Encontro 1

A experiência de Deus

Ao iniciarmos a leitura do *Catecismo da Igreja Católica*, encontramos o título: O homem é um ser "capaz" de Deus,[1] e, um pouco mais adiante, temos: "Deus não cessa de atrair o homem a si".[2] Com essas palavras, podemos aprofundar o tema da experiência de Deus na vida do ser humano e, especialmente, na vida do cristão.

Foi por amor que Deus criou o ser humano e o quis em si mesmo,[3] e a partir desse mesmo amor, ele se faz presente na vida do homem, torna-se próximo dele, embora não deixe de ser Deus.

Uma dinâmica relacional entre Deus e o ser humano é estabelecida desde o momento em que este último é cha-

---

[1] Cf. *Catecismo da Igreja Católica*, n. 27.

[2] Ibid.

[3] Cf. Concílio Vaticano II, *Constituição Pastoral Gaudium et Spes*, n. 24, § 3c.

mado à existência, pois Deus o cria por amor e essa relação se desenvolve durante todo o seu existir. Assim como Deus é relação em si mesmo, já que é Trindade, da mesma forma também é o homem.

Essa experiência de Deus não se dá de forma excepcional, mas no cotidiano, no ordinário do dia-a-dia. Uma iniciativa que parte tanto do coração de Deus, que chama a criatura para si e a atrai, em primeira instância, como da própria pessoa, que se sente atraída, impulsionada a ir a seu encontro. Assim, nos diversos relatos tanto do Primeiro como do Segundo Testamento, no decorrer de toda a história da Salvação, podemos perceber essa experiência fundante de Deus na vida dos homens e das mulheres.

Dentre as diversas experiências de Deus narradas no Primeiro Testamento, recordamos duas: a de Abraão e a de Moisés.

Abraão fez a experiência do "Deus da Aliança", pois foi o próprio Deus que se dirigiu até ele e fez um pacto, pedindo que partisse rumo à terra que ele havia escolhido — a "Terra Prometida", além de lhe prometer uma grande descendência. No decorrer de sua vida, muitas foram as experiências travadas com Abraão, como aquele importante momento em que sua própria fé foi colocada à prova, quando foi convidado a oferecer em sacrifício seu único filho, Isaac, o filho da Aliança (cf. Gn 22,1-18).

Moisés e todo o povo de Israel fizeram a experiência do "Deus libertador", pois Moisés foi escolhido para libertar o povo da escravidão do Egito, das mãos do Faraó. Para ele, Deus não só revelou seu próprio nome, mas também se mostrou constantemente presente, caminhando com seu povo, seja como uma nuvem, seja como uma coluna de fogo. Enfim, ao próprio Moisés o Senhor assim falou: "Tomar-vos-ei por meu povo, e serei o vosso Deus" (Ex 6,7).

Essa mesma experiência de Deus podemos observar na leitura de toda a Sagrada Escritura, nos diferentes livros, como vemos nos Salmos: "Minha alma tem sede de Deus, do Deus vivo" (Sl 42,3), refere-se à sede do orante em viver na presença de Deus, ou ainda do profeta Jeremias, que exclama: "Seduziste-me, Senhor, e eu me deixei seduzir" (Jr 20,7a), manifestando que, apesar de todas as imperfeições e limitações do homem, Deus o seduz, para ser um com ele.

Como uma pequena semente no coração, está plantado esse desejo de Deus, de experimentá-lo, de fazer comunhão com ele, constituindo uma experiência interior, inerente ao próprio existir.

Santo Agostinho assim exclamava: "Fizeste-nos para vós e nosso coração não descansa enquanto não repousar em vós".[4] Muito mais que uma atividade discursiva, o expe-

---

[4] SANTO AGOSTINHO, *Confissoes* 1,1,1.

rimentar Deus envolve o ser e o fazer sentir necessidade de repousar nele, de descansar em seu coração.

A maior experiência de abertura para Deus se dá na Encarnação, na qual Deus se faz verdadeiramente um com o ser humano, sendo em tudo igual a ele, menos no pecado. Em Jesus Cristo, o ser humano — e particularmente o cristão, que é um outro Cristo, pois a partir do Batismo foi configurado a ele próprio — é chamado a viver essa íntima relação com Deus. Jesus é o rosto humano de Deus, próximo a cada um dos homens e mulheres e, através dele e por causa dele, todo ser humano pode fazer verdadeiramente essa experiência com Deus (cf. Jo 1,16-18).

Essa mesma experiência acontece, atualmente, com cada um de nós. Também sentimos sede de Deus, também temos em nosso dia-a-dia diversas experiências de Deus. Basta pararmos e percebermos: um sorriso amigo, a participação em uma Eucaristia, a leitura da Sagrada Escritura, a presença de Deus no pobre, marginalizado, doente, idoso... Deus está continuamente ao nosso lado e se manifesta de diversas formas, basta pararmos e olharmos ao nosso redor.

Sr. José, da Comunidade São João Batista, conta que, após perder sua esposa, sentia-se muito sozinho. Todos os dias vinha até sua casa seu amigo Izidoro, que havia perdido a visão havia anos. Ele não tinha muitas coisas a dizer, mas, em sua simplicidade, em seu jeito de estar próximo e solidário, ficava bons momentos sentado a seu lado, até mesmo sem lhe falar, apenas fazendo-lhe companhia. Nesse silêncio e com essa presença amiga, Sr. José sentia que Deus estava a seu lado e o ajudava a superar esse momento difícil de sua vida. O gesto de Izidoro, embora simples, teve grande significado para Sr. José e o ajudou muito.

Somos seres privilegiados! Pois, se pararmos para observar, perceberemos que de uma forma única, dentre toda a criação, somente os seres humanos são chamados a compartilhar, pelo conhecimento e pelo amor, a vida de Deus.[5] Diante dessa realidade, São João Crisóstomo exclamava: "Quem é, pois, o ser que vai vir à existência cercado de tal consideração? É o homem, grande e admirável figura viva, mais preciosa aos olhos de Deus do que a criação inteira".[6]

Louvemos e agradeçamos a Deus por esse grande privilégio, e façamos jus a esse amor "preferencial"!

---

[5] Cf. *Catecismo da Igreja Católica*, n. 356.

[6] João Crisóstomo, *Sermo in Genesis* 2,1 citado pelo *Catecismo da Igreja Católica*, n. 358.

A crise de sentido

Proclamar: Js 24,14-23 — *A quem vós servis?*

Fala-se, atualmente, que estamos vivendo uma "crise de sentido". O que seria isso? De acordo com a Sagrada Escritura, poderíamos falar hoje que muitos adoram outros deuses em lugar do Deus verdadeiro. Esse é um questionamento muito forte que deve ser lançado a cada um de nós: "A quem vós servis?" (Js 24,15).

Diante de nossos olhos descortina-se um novo tempo, marcado sobretudo por uma virada cultural, pelo avanço dos meios tecnológicos, por novas estruturas de comunicação e até mesmo de relação. Estamos num período em que se cultua muito o corpo, o belo, discriminando tudo o que não segue esse parâmetro; conta-se mais o ter e deixa-se de lado o ser; os valores são colocados em segundo plano, em vista de algo que está muito acima, como *status*, poder e sucesso.

Vivemos numa mudança de época: fragmentação do conhecimento, manipulação de Deus, pluralismo cultural e religioso, permeados sobretudo pela promessa da realização imediata do indivíduo, embalado pela teologia da prosperidade.[7]

---

[7] Cf. *Documento de Aparecida*, n. 44.

A experiência de Deus   19

Tais problemas são suficientes para percebermos que a crise de sentido acontece quando somos capazes de trocar os verdadeiros valores, sobretudo Deus, por coisas passageiras. Esse desejo desenfreado de ter nos faz cegos e surdos, além de cavar, dentro de nosso interior, um vazio muito grande, que não é preenchido por nada, a não ser por Deus.

Como não questionar essa realidade? Como verdadeiros cristãos, somos chamados a olhar ao nosso redor e a não ficarmos parados. A ausência de Deus em nossa vida faz gerar essa crise de sentido, mesmo que tudo seja permitido e possível. Por isso, é muito importante fazermos uma verdadeira experiência do amor de Deus para que mesmo nos momentos difíceis, ao ter presente essa relação e vivência de fé, saibamos superar os obstáculos que nos impedem a comunhão com Deus.

A crise de sentido que permeia a vida hoje não nos deve motivar a abandonar nossos ministérios ou pastorais, mas nos servir como um impulso para a vivência da Boa-Nova, a acolhida do Reino de Deus, conferindo o verdadeiro sentido à vida, a vivência da fé, da esperança e da caridade!

Para aprofundar em grupo

1. Experimentamos a presença de Deus cotidianamente. Que experiência marcante de Deus em sua vida poderia ser narrada para o grupo?

20 Cristãos a serviço do Reino

2. Você já experimentou uma "crise de sentido" em sua vida? Comente.

3. Enumere duas motivações que lhe ajudam a acolher o Reino de Deus no agora de sua existência.

Para vivenciar

Espalhar várias imagens que mostram diversas situações da vida, alegres ou tristes; colocar uma cruz e um frasco com óleo perfumado ao lado.

Proclamar: Sl 40,2-6 — *Ação de Graças.*

Fomos chamados a tomar consciência da maravilhosa relação que acontece entre o ser humano e Deus. E somos convidados, neste momento, a interiorizar a manifestação de Deus em nossa vida e agradecermos pela relação profunda que se dá entre nós e Deus.

Que tal observarmos as diversas imagens que nos são apresentadas e buscarmos perceber em cada uma delas a presença de Deus guiando, confortando, fortalecendo, mesmo nos momentos mais difíceis, como o próprio salmista foi capaz de perceber?

Para celebrar

Depois dessa observação, poderíamos partilhar com o grupo um pouco sobre nossa vivência pessoal com Deus. Para concluirmos, cantemos com o salmista:

Salmo 138 — Tu me conheces[8]

Tu me conheces quando estou sentado,
tu me conheces quando estou de pé.

Vês claramente quando estou andando,
quando repouso tu também me vês.

Se pelas costas sinto que me abranges,
também de frente sei que me percebes.

Para ficar longe do teu Espírito.
O que farei? Aonde irei, não sei.

Para onde irei? Para onde fugirei?
Se subo ao céu ou se me prostro no abismo,
eu te encontro lá.

Para onde irei? Para onde fugirei?
Se estás no alto da montanha verdejante
ou nos confins do mar!

Se eu disser que as trevas me escondam
e que não haja luz onde eu passar.

Pra ti a noite é clara como o dia,

---

[8] Na Comep há o CD *Dance na alegria da fé 1*, com o *medley* dos Salmos: Salmo 90 / Salmo 138 / Olhar somente a ti — com um trecho desse salmo.

nada se oculta ao teu divino olhar.

Tu me teceste no seio materno
e definiste todo o meu viver.

As tuas obras são maravilhosas,
que maravilha, meu Senhor, sou eu.

Dá-me tuas mãos, ó meu Senhor bendito,
benditas sejam sempre as tuas mãos.

Prova-me Deus e vê meus pensamentos,
olha-me Deus e vê meu coração.

Livra-me, Deus, de todo mau caminho,
quero viver, quero sorrir, cantar.

Pelo caminho da eternidade, Senhor, terei toda a felicidade.

Com o desejo de agradecer a Deus pelo seu "amor preferencial" por todos nós, e pedindo que essa amizade, travada desde todo o sempre, possa ser constante em nossas vidas e seja sustento para superar toda "crise de sentido" que possa vir a nos ameaçar, rezemos com São João Crisóstomo, salientando a "alegria de ter um amigo", o melhor de todos os amigos: Deus!

Um amigo fiel é bálsamo para a vida,
É a mais segura proteção.
Poderás acumular tesouros sem conta;
Nada, porém, vale mais do que um amigo sincero.
Sua presença desperta no coração uma alegria
que invade todo o nosso ser.

A experiência de Deus   23

Com ele é possível viver uma união profunda
Que dá ao espírito um gozo inexprimível.
A lembrança dele desperta a nossa mente
E a liberta de muitas preocupações.
Estas palavras têm sentido
Só para quem tem um amigo verdadeiro,
e também para quem,
Mesmo encontrando-o a cada dia,
Nunca se sente de todo saciado.

Após essa oração, vamos ungir nossas mãos com o óleo perfumado,[9] sendo essa a expressão da nossa missão de sermos e levarmos o suave odor de Cristo a todos os nossos irmãos.

---

[9] No Primeiro Testamento, o óleo era usado para ungir os reis e os profetas. Cristo é o ungido por excelência. Ele é o Messias que derrama o Espírito profusamente. Somos ungidos com o óleo quando recebemos os sacramentos do Batismo, da Crisma e da Unção dos Enfermos. Ele é sinal de consagração, alívio na dor e auxílio nas lutas, tornando os lutadores mais ágeis e menos vulneráveis a seus adversários.

Encontro 2

A convocação que Jesus faz ao discipulado

Deus, em sua infinita bondade, quis revelar-se a nós e, por plena gratuidade, nos chamou a participar de seu Reino nos confiando a administração dos bens criados por ele. Para que seu Reino possa acontecer no mundo, ele quis contar com nossa colaboração para a proclamação do Evangelho a todos os povos, pelos quais nós também somos responsáveis.

Ser cristão é um dom que nos deve levar ao compromisso de tornar Jesus Cristo mais conhecido, amado e seguido. Isso nos torna participantes de sua missão. Essa missão não é só da Igreja, mas de todos nós que somos batizados e dela fazemos parte, pois somos também Igreja, povo de Deus, e devemos cumprir nossa missão seguindo os passos de Jesus e adotando suas atitudes (cf. Mt 9,35-36). Jesus se apresenta como o caminho, e a fé em Jesus é a porta de entrada para a vida eterna.

No ano de 2007, foi realizada em Aparecida a V Conferência do Episcopado Latino-americano e Caribenho (*Documento de Aparecida*), que aprofundou os desafios e propostas pastorais para a evangelização neste continente. Jesus, ao chamar apóstolos e formar discípulos, dá-lhes uma missão específica: anunciar o Evangelho a todos os povos. Nesse sentido, ser discípulo é ser seu irmão e seu amigo e, por estar vinculado à missão do próprio Cristo, é também ser missionário. Os apóstolos, como testemunhas de Cristo, são convocados a participar da missão do Mestre. E isso não é algo opcional, pois faz parte da identidade cristã, como extensão de sua própria vocação.[1]

Jesus disse: "Como o Pai me enviou eu também vos envio" (Jo 20,21). Como discípulos de Jesus, reconhecemos que ele é o primeiro e maior evangelizador enviado por Deus e vamos proclamar o Evangelho numa vida digna na família, no trabalho, na escola, na comunidade, ou seja, em todos os lugares onde atuamos.

Para ser cristão, é preciso participar da Páscoa de Cristo, ou seja, de sua obediência e amor ao Pai e de sua entrega por todos os irmãos.[2] O cristão, ao reconhecer sua presença, deve ter a coragem de segui-lo como fizeram os

---

[1]   Cf. *Documento de Aparecida*, n. 144.

[2]   Cf. ibid., n. 143.

primeiros discípulos. Estes, na realidade, encontraram em Jesus a resposta para seus mais íntimos anseios. Só ele é a fonte da plena realização.

Mas, para poder conhecer e seguir Jesus, é preciso ter acesso às fontes que permitem chegar até ele. A Sagrada Escritura é um caminho privilegiado até Jesus. Contudo, não basta apenas estudá-la de uma forma instrumental; é preciso também orar com ela.

As primeiras comunidades

Proclamar: At 2,42-47 — *Todos os que abraçavam a fé viviam unidos e possuíam tudo em comum.*

Assim eram formadas as primeiras comunidades de cristãos. O que os mantinham unidos era a presença viva de Jesus ressuscitado no meio deles, pois decidiram viver do jeito que Deus sempre quis e ensinou: em comunidade.

Nem sempre é fácil viver em comunidade, mas essa maneira de viver a fé, a esperança e a caridade dos primeiros cristãos era sinal de salvação para o mundo. Também somos chamados a viver em comunidade e ser sinais de unidade de fé para os outros.

Assim como faziam as primeiras comunidades (cf. At 2,42), hoje nos reunimos para ouvir os ensinamentos dos apóstolos, viver unidos, partilhar o pão e nos encontrarmos nas orações porque pela participação no mesmo Corpo e Sangue, nos tornamos membros do único Corpo de Cristo, a Igreja (cf. 1Cor 10,17).

A participação na comunidade e a escuta da pregação são sinais de conversão daqueles que se sentem atraídos pela mensagem de Jesus e querem conhecer mais aquele que os chamou. São um momento de encontro com o Senhor, pois na celebração do mistério tem-se, além do ensinamento dos apóstolos, a possibilidade da reunião e da partilha com os demais irmãos. Isso leva a uma mudança de vida, à vivência do mistério, respeitando a realidade de cada pessoa.

A celebração litúrgica é uma maneira de encontro com Cristo de forma sacramental, é um modo mediante o qual se pode expressar mais abertamente a vocação de leigo inserido na Igreja. Jesus está presente em sua Palavra proclamada, maximamente na Eucaristia, na comunidade reunida, nos pastores que celebram na pessoa de Cristo, nos pobres e nos pequenos que nos rodeiam.

A Igreja, como comunidade de amor, é chamada a viver na comunhão para que, no exercício da unidade, os homens e mulheres dos tempos atuais olhem para os cristãos e creiam, da mesma forma que sucedia com as primeiras comunidades.

Fato da vida

Dona Nair, mulher simples e piedosa, todos os dias visitava as casas levando uma imagem de Nossa Senhora da Rosa Mística para rezar com as famílias na comunidade rural, onde não havia igreja. Durante muito tempo seguiu essa mesma rotina e cada vez mais aumentava o número de pessoas que a acompanhava, até que o grupo, liderado por ela, iniciou um movimento em prol da construção de uma capela para a comunidade. Hoje existe um galpão em que as paredes laterais já foram levantadas e, em breve, estará pronta a Igreja de Nossa Senhora da Rosa Mística, graças à boa vontade, à luta e à perseverança de Dona Nair, que sempre acreditou que, com a fé em Deus e a união de todos da comunidade, o sonho de ter uma capela na comunidade seria uma realidade.

Essa mulher realmente assumiu seu compromisso de cristã leiga e contribuiu para que a Igreja de Cristo pudesse se desenvolver naquele bairro onde só havia algumas casas e a comunidade realizava alguns poucos trabalhos pastorais. Existem muitos agentes da matriz da cidade que trabalham lá, mas quem mantém a comunidade são as pessoas que moram no bairro e que lutam juntas para o crescimento da comunidade. Têm orgulho de saber que tudo aconteceu graças ao compromisso de cada um que acreditou nesse projeto e não mediu esforços para fazer com que ele fosse possível.

Para aprofundar em grupo

1. No início da Igreja, os cristãos eram reconhecidos por se amarem. Isso acontece ainda hoje?
2. Como podemos testemunhar nossa fé em Jesus, de modo que os outros também creiam?
3. Que tipo de trabalho de evangelização nós, cristãos, podemos realizar no mundo secular?

Para vivenciar

A condição de vida do leigo é uma vocação. Sua existência pautada na vivência evangélica da fé, esperança e caridade, antes de ser ação, é possuidora de valor evangélico. É vivendo segundo Deus que o leigo procura o Reino. Sua vocação primeira é compromisso com a vontade de Deus.[3]

Os cristãos são responsáveis pela evangelização, por isso devem se sentir comprometidos com essa missão junto aos apóstolos e também como parte da Igreja e da missão de Cristo.

---

[3] Cf. CNBB. *Missão e ministérios dos cristãos leigos e leigas*. São Paulo, Paulinas, 1999. n. 100 (Documentos da CNBB, n. 62).

Para celebrar

Dirigente: Como foram necessários muitos grãos de trigo para formar o pão que hoje partilhamos, todos somos importantes, pois somente unidos podemos construir a comunidade que Cristo quer.

Colocar na mesa uma bandeja com pão, o qual deve ser partilhado; cada participante deve servir seu irmão de modo que todos recebam desse alimento.

Dirigente: Para concluir este encontro, vamos rezar meditando o Pai-Nosso, a oração que o próprio Cristo nos ensinou, na qual podemos não só chamar Deus de Pai, como filhos unidos ao Filho, mas também nos sentir mais comprometidos com a missão da Igreja que também é nossa.

O Pai-Nosso[4]

Leitor 1: *Pai nosso* significa que Deus é nosso Pai, somos seu povo, e ele é nosso Deus.

Leitor 2: *Que estais nos céus* não significa lugar mas sim sua majestade e sua presença no coração dos justos. Ele está para além de tudo aquilo que podemos conceber a respeito de sua santidade. O céu é a casa do Pai, constitui a verdadeira pátria para onde nos dirigimos e à qual pertencemos.

---

[4] Esta meditação do Pai-Nosso se encontra no *Catecismo da Igreja Católica*, entre os nn. 2.777 e 2.856.

Os sete pedidos

Leitor 3: *Santificado seja o vosso nome.* Reconhecer Deus como santo nos leva a buscar ser santos como ele é.

Leitor 1: *Venha a nós o vosso Reino* tem em vista a volta de Cristo, mas também fazer a paz acontecer em nosso meio. Mas este desejo não desvia a Igreja de sua missão neste mundo, antes a empenha.

Leitor 2: *Seja feita a vossa vontade assim na terra como no céu.* A vontade de Deus é que todos cheguem ao conhecimento da verdade e que ninguém se perca, que "nos amemos uns aos outros como ele nos amou".

Leitor 3: *O pão nosso de cada dia nos dai hoje.* O Pai que nos dá a vida, não pode deixar de nos dar o alimento necessário à vida, todos os bens úteis materiais e espirituais (o pão material e o Pão da Vida).

Leitor 1: *Perdoai-nos as nossas ofensas, assim como nós perdoamos a quem nos tem ofendido.* Imploramos a misericórdia de Deus para nossas ofensas, a qual só poderá entrar em nosso coração se soubermos perdoar nossos inimigos, a exemplo de Cristo.

Leitor 2: *Não nos deixeis cair em tentação.* Pedimos que Deus nos livre da tentação que nos leva ao pecado e gera a morte. A provação leva ao crescimento do ser humano e à fortaleza da fé.

Leitor 3: *Mas livrai-nos do mal.* Pedimos a Deus que nos manifeste a vitória que já nos foi alcançada por meio de Jesus Cristo, que nos liberte de todos os males, passados, presentes e futuros.

Leitor 2: *Amém* significa "que isto se faça", que se cumpra tudo o que está contido na oração, ou "assim seja".

ENCONTRO 3

A vocação batismal

A palavra "vocação" vem do latim *vocare*, que significa "chamar". É uma iniciativa de Deus que pede a livre resposta do ser humano para que a vocação/chamado se concretize e conduza a pessoa a uma missão, à realização do que Deus lhe confia. Responder favoravelmente é servir numa atitude de escuta, diálogo, disponibilidade e fidelidade ao compromisso com Deus.

Ao criar o homem e a mulher à sua imagem e semelhança, Deus lhes confiou a administração de tudo o que havia criado, deu-lhes a incumbência de cuidar da terra e de tudo o que nela há (cf. Gn 1,27-28). Isso constituiu a primeira missão que representa a perpetuação da espécie e a promoção do bem comum. É no Batismo que a pessoa assume a identidade cristã, tornando-se servidora do Reino.

O mergulho na fonte batismal significa que morremos para o pecado com Cristo e ressuscitamos com ele para uma vida nova (cf. Rm 6,1-11). Nosso Batismo tem sua fonte e efeito salvífico na morte e ressurreição de Jesus, ele é a porta de entrada para a iniciação ao Cristianismo, e é por meio dele que somos configurados a Cristo. Pelo Batismo, todo cristão é chamado a assumir sua missão na Igreja, na comunidade e nas diferentes realidades da sociedade.

A missão do batizado

Proclamar: Mt 28,16-20 — *Ide, pois, fazer discípulos entre todas as nações, e batizai-os...*

Assim como Cristo foi enviado pelo Pai, também enviou os apóstolos cheios do Espírito Santo para pregarem o Evangelho a toda criatura e levarem a efeito o que anunciaram: que o Filho de Deus, por sua morte e ressurreição, libertou a todos do poder do mal e da morte, fazendo-nos entrar no Reino do Pai. A vocação tem uma dimensão trinitária: o Pai chama para a missão, o Filho exprime esse chamado, envia-nos, e o Espírito Santo anima durante a transmissão da mensagem.[1]

A missão de Cristo continua, portanto, na Igreja. Ela não acabou com sua elevação à direita do Pai, mas, pela ação

---

[1]   Cf. CNBB. *Batismo, fonte de todas as vocações*; texto base do Ano Vocacional 2003. Grupo de Assessoria Vocacional. Brasília, CNBB, 2002.

A vocação batismal 37

do Espírito Santo, continua entre nós. A obra da Salvação se realiza especialmente através do sacrifício eucarístico e dos sacramentos.[2] A partir do Batismo, somos chamados à santidade, à fé, ao seguimento do Senhor e à graça, como continuadores de sua missão no mundo.

Todas as vocações nascem do Batismo, base que sustenta todos os ministérios. Servir a Deus e assumir a missão são uma questão de vocação, mas é preciso alimentá-la com uma vida de oração para que não caia no erro de tornar-se algo funcionalista, ou seja, um trabalho sem sentido. Assumir a missão que nasce do Batismo significa amar, como alguém que se sente amado por Deus e comprometido com a missão da Igreja.

Fato da vida

Um exemplo de amor e doação é o caso de Dona Vilma, da Comunidade do Aterrado, em Tremembé (SP), uma catequista que saía de sua cidade e se dirigia para uma comunidade rural, de casa em casa, para fazer os encontros de catequese, ensinar as crianças a reza do terço e, aos domingos, levar todos à Missa na matriz da cidade. Para ela, isso não constituía nenhum sacrifício, pois o que realmente lhe importava era que a Palavra de Deus chegasse às pesso-

---

[2] Cf. Concílio Vaticano II, *Constituição Sacrosanctum Concilium*, nn. 6-7.

38   Cristãos a serviço do Reino

as. Cada vez mais aumentava o número de crianças que se reuniam com Dona Vilma para ouvir os ensinamentos de Jesus. Ela se orgulhava de realizar esse trabalho. Além disso, o contato com as crianças na casa delas fazia com que a mensagem chegasse também aos pais.

Para aprofundar em grupo

1. De que maneira podemos responder à vocação a que fomos chamados por nosso Batismo?

2. Vivemos realmente na Igreja nossa missão de batizados?

Para vivenciar

Ser catequista, ser ministro da Palavra, da música, é viver uma vocação característica dentro da Igreja, é uma realização da vocação batismal. Todo agente de pastoral é convidado a tomar consciência de que foi enviado pela Igreja, e isso o faz crescer e contribuir para a transformação da Igreja e do mundo.

É o caso de Dona Maria Pia, da cidade de Tremembé (SP). Imigrante italiana, chegou ao Brasil aos 4 anos de idade, tornou-se uma mulher piedosa que dedicou sua vida a Deus. Leiga consagrada, foi um exemplo de catequista, especialmente para os adultos que não eram batizados ou não iniciados na vida eucarística. Catequista devotada aos serviços pastorais, tornou-se um modelo de serva de Deus durante toda a sua existência, até ser chamada por Deus numa Sexta-Feira Santa.

Deus não quer salvar as pessoas sem o consentimento delas. Portanto, para participar da Salvação, é preciso responder favorável mas livremente à obra de Jesus para que ela atinja seu efeito em cada pessoa.

A vocação contempla o chamado à vida, a missão do Batismo que nos torna seguidores de Cristo e, por fim, uma vocação específica dentro da Igreja que pode ser realizada de acordo com o estado de vida de cada um. Como foi com Dona Nair, Dona Maria Pia e muitas outras pessoas que temos em nossa comunidade.

É importante salientar que servir o Reino de Deus exige dedicação e perseverança, pois nem sempre as coisas caminham como queremos. No entanto, acima de tudo deve estar o amor, pois só quem ama é capaz de doar-se plenamente a Deus.

Para celebrar

Trazer um recipiente com água benta. Cada participante faz o sinal-da-cruz com a água. Lembrar o dia de nosso Batismo, quando nascemos para uma vida nova em Cristo.

Sugestão: iniciar a reflexão com a música:[3]

---

[3] PE. ZEZINHO. És água viva. In: *Sol nascente, sol poente*. São Paulo, 1CD. Comep, s.d.

És água viva

Eu te peço desta água que tu tens.
És água viva, meu Senhor!

Tenho sede, tenho fome de amor,
e acredito nesta fonte de onde vens!

Vens de Deus, estás em Deus, também és Deus
e Deus contigo faz um só.

Eu, porém, que vim da terra e volto ao pó,
quero viver eternamente ao lado teu.

És água viva, és vida nova
e todo o dia me batizas outra vez!

Me fazes renascer, me fazes reviver,
e eu quero água desta fonte de onde vens.

Preces comunitárias[4]

Dirigente: Diante da grandeza de Deus, e reconciliados com todas as criaturas, rendamos louvores e ação de graças ao Senhor onipotente pelas alegrias trazidas pela água, de modo especial a de nosso Batismo. No Espírito de São Francisco e de Santa Clara, vamos louvar o Senhor, Criador e fonte da vida, pela "irmã água", recitando o refrão:

---

[4] Preces adaptadas de: FAMÍLIA FRANCISCANA DO BRASIL. *Subsídio da Família Franciscana em preparação ao novo milênio*; celebração do Ano 2000. Petrópolis, Vozes, 1998. pp. 40, 43-44.

Todos: *Louvado sejas, meu Senhor, pela irmã água.*

Leitor 1: Pela água da chuva, que garante a fertilidade da terra, refresca e mata a nossa sede, rezemos.

Leitor 2: Pela água das profundezas da terra, pura e cristalina imagem do Deus Criador, rezemos.

Leitor 1: Pela água do Mar Vermelho, que destruiu o exército do Faraó opressor e foi libertação e vida nova para o povo hebreu, rezemos.

Leitor 2: Pela água do Rio Jordão, onde Jesus foi batizado, revelando-se o "Filho muito amado", rezemos.

Leitor 1: Pela água de nosso Batismo, dom de libertação e da vida nova dos filhos e filhas de Deus, rezemos.

Dirigente: Rezemos, Pai nosso...

ENCONTRO 4

A evangelização

Pelos sacramentos da iniciação cristã (Batismo, Confirmação e Eucaristia), o cristão leigo é incorporado a Cristo e forma o povo de Deus. Na Igreja, o cristão participa do tríplice serviço de Cristo: *profeta*, porque proclama, pelo testemunho de vida e pela força da Palavra, o Reino de Deus; *sacerdote*, porque oferece sua vida na Celebração Eucarística para a glória de Deus e a Salvação da humanidade, e, agindo como adorador, consagra o mundo a Deus; e *rei*, porque é chamado ao serviço do Reino vivendo o combate espiritual para vencer dentro de si o reino do pecado.[1] De acordo com sua condição própria, realiza no mundo sua missão.

Pela fé e pelo Batismo, o cristão acolhe a ação do Espírito Santo, que o leva a reconhecer Jesus como Senhor e a

---

[1]   Cf. João Paulo II. *Exortação apostólica Christifidelis Laici*; vocação e missão dos leigos no mundo. São Paulo, Paulinas, 1990. n. 14.

poder chamar Deus de Pai; é chamado a ser discípulo missionário de Jesus, pois participa da vida trinitária da Igreja, que tem o ponto mais alto na Celebração Eucarística, princípio e projeto da missão do cristão.[2]

"O amor é a vocação fundamental e originária do ser humano."[3] O encontro com Deus, que é amor, leva a pessoa a uma tomada de consciência de pertença à comunidade. Ele introduz seus filhos em sua família, que é a Igreja, por meio do Batismo; alimenta-os com o pão da Eucaristia; e, unidos no mesmo Espírito, chama-os à missão de evangelizar. Não há vida sem engajamento efetivo no serviço à Igreja e à sua missão. Cada um deve assumir a sua parte nas responsabilidades e nas tarefas, pois isso é exigência do Batismo.

Batizado sacerdote

Jesus anuncia um novo templo, com um culto não ligado a lugar. Esse novo culto supera qualquer outro, pois nele seus verdadeiros adoradores o adorarão em espírito e verdade (cf. Jo 4,23). Esse culto corresponde à nova condição de vida trazida pelo Batismo. Seu lugar é a comunidade dos filhos e filhas de Deus reunidos na Igreja, corpo místico de Cristo. Esse é o novo templo anunciado por Jesus.

---

[2] Cf. *Documento de Aparecida*, n. 153.

[3] *Catecismo da Igreja Católica*, n. 2.392.

A evangelização 45

Ao falar de sacerdotes, sempre pensamos no padre, no bispo e no diácono, ou seja, nos ministros ordenados, mas é importante lembrar que um leigo ou uma leiga que preside uma celebração também exerce uma função sacerdotal. Todos os que exercem ou não um ministério numa celebração fazem isso por força de seu Batismo, o que os constitui sacerdotes: os leitores, os cantores, os comentaristas, os coroinhas, os que limpam e enfeitam o altar e mesmo aqueles que tão-somente participam da celebração.[4]

Jesus é o único sacerdote, mas os cristãos também o são pela participação em seu sacerdócio. Por isso, somos chamados a oferecer nossa vida unida à de Cristo como oferta de louvor. Assim, dizemos na missa: "Fazei de nós uma perfeita oferenda". Essa oferenda consiste na prática da caridade, no serviço de amor que realizamos no dia-a-dia. O sacerdócio espiritual consiste em ouvir a Palavra de Deus e praticá-la, a fim de viver uma liturgia em espírito e verdade.

Batizado profeta

Proclamar: Jo 4,5-26 — *A samaritana*.

Jesus, ao se referir ao passado da Samaritana, fala da água que jorra para a vida eterna e da qual quem dela be-

---

[4] Cf. LUTZ, Gregório. *Celebrar em Espírito e Verdade*. São Paulo, Paulus, 1997. pp. 30-31.

ber nunca mais terá sede. Essa fonte que jorra no coração do cristão é a presença do Espírito do Ressuscitado, condição de vida eterna de todo aquele que crê. A samaritana acolheu a mensagem e foi anunciar aos demais aquilo que Jesus lhe havia dito. Assumiu uma nova vida: de pecadora passou a anunciadora da Palavra de Deus.

Todo batizado, por sua própria vocação, contribui através de seu testemunho de vida para que outras pessoas também conheçam a Cristo, aceitem seu chamado, tornem-se também seus discípulos e, dessa forma, contribuam para que cada vez mais a Palavra de Deus chegue a quem ainda não o conhece. Mas ser discípulo de Jesus não quer dizer apenas se aventurar em terras de missões. Pode-se perfeitamente ser missionário sendo exemplo de cristão dentro da comunidade, nos trabalhos pastorais e principalmente na própria família.

Batizado rei

O *Documento de Aparecida* afirma que a proposta do encontro com Jesus deve estabelecer-se sobre forte fundamento da Trindade. Isso quer dizer que, como Deus é uma comunidade de amor, cada pessoa busca superar o egoísmo abrindo-se para a ação de Deus e servindo a Igreja e o próximo. O ponto de partida é sempre a experiência batismal, que dá início à espiritualidade cristã.[5]

A participação no sacramento da Eucaristia é uma forma de nos configurarmos a Jesus, pela participação sacramental em seu sacrifício, para que, pela ação do Espírito Santo, possamos chamar Deus de Pai, numa vida de testemunho do Evangelho.

Pelo seu testemunho de vida cristã, o leigo contribui para a transformação da realidade e para a criação de estruturas justas conforme os critérios do Evangelho. Seu lugar de atuação é o mundo, a realidade social do trabalho, da família e da escola. Ao integrar-se na comunidade, o leigo é levado a conhecer e assumir sua missão na Igreja, ajudando em sua edificação.

Fato da vida

Na comunidade, o Senhor Benedito, há muito tempo, se responsabilizou pelo serviço de arrecadação e distribuição dos alimentos para as famílias carentes da cidade. O trabalho, na realidade, é uma das atividades da Ordem Franciscana Secular, mas este senhor assumiu como um compromisso que faz parte de sua vida. Desde a distribuição de panfletos nas Missas avisando o dia da arrecadação até o

---

[5] Cf. *Documento de Aparecida*, n. 240.

48 Cristãos a serviço do Reino

recolhimento, separação e distribuição do que foi arrecadado, além é claro dos atendimentos esporádicos às famílias que aparecem na comunidade pedindo ajuda.

Durante a distribuição das cestas básicas, procura evangelizar, incentivar a oração, a participação na comunidade, porque acredita que não basta apenas dar o alimento material, mas é preciso oferecer também o espiritual. Por isso, encaminha os que querem receber os sacramentos e regularizar a situação matrimonial e que muitas vezes não o fazem por desconhecimento de como devem proceder.

À primeira vista parece algo fácil, mas exige muita dedicação e compromisso, pois são muitas as famílias que dependem dessa doação para ter o que dar a seus filhos dentro de casa. Ele é fiel neste serviço e, junto com seu grupo, realiza todo mês este trabalho.

Para aprofundar em grupo

1. Jesus vem ao encontro do pecador, ouve o que ele tem a dizer, mostra seu coração misericordioso e ainda o convida a segui-lo. Ele sempre está disposto a ouvir, a aconselhar e mostrar o caminho. Em nossa comunidade, sabemos ouvir e acolher aqueles que pedem nossa ajuda?

2. Cada pessoa pode se colocar no lugar da Samaritana, que, ao abrir-se à palavra de Jesus e à promessa da água

viva, tem a vida transformada e se torna uma evangelizadora. É Jesus que toma a iniciativa, mas é preciso estar aberto para acolher sua mensagem. Estamos dispostos a deixar de lado todas aquelas atitudes que nos afastam do caminho de Deus para nos tornarmos verdadeiros anunciadores da Palavra de Deus, como fez a Samaritana?

Para vivenciar

Ser cristão nos dias de hoje exige muito mais do que uma experiência das coisas sagradas e até mesmo de conhecimento teórico. Precisa-se de uma autêntica espiritualidade que seja capaz de dar força e coragem para permanecer firme na missão mesmo diante das dificuldades que surgem a cada dia. Só com a força da oração e a graça alcançada pela frequente participação nos sacramentos é que o cristão poderá assumir os compromissos da fé e viver plenamente seu Batismo.

Para celebrar

Rezar em dois coros a *Oração de São Francisco*:

Todos: *Senhor, fazei de mim um instrumento de vossa paz.*

1. Onde houver ódio,
2. Que eu leve o amor.

1. Onde houver ofensa,
2. Que eu leve o perdão.
1. Onde houver discórdia,
2. Que eu leve a união.
1. Onde houver dúvidas,
2. Que eu leve a fé.
1. Onde houver erro,
2. Que eu leve a verdade.
1. Onde houver desespero,
2. Que eu leve a esperança.
1. Onde houver tristeza,
2. Que eu leve a alegria.
1. Onde houver trevas,
2. Que eu leve a luz.
1. Ó Mestre, fazei que eu procure mais
2. Consolar que ser consolado,
1. Compreender que ser compreendido,
2. Amar que ser amado,
1. Pois é dando que se recebe,
2. É perdoando que se é perdoado
1. E é morrendo que se vive para a vida eterna.

Todos: *Amém.*

Encontro 5

Quem é o cristão leigo

A palavra "leigo" é de origem grega, vem de *laós* e significa literalmente "povo". Dentro da Igreja, Corpo de Cristo, percebemos que todo o povo de Deus tem seu lugar, cada qual segundo o chamado específico que o Pai lhe fez, seja para a vida consagrada, presbiteral ou leiga. Porém, em sua grande maioria, observamos que ela é formada pelos leigos, os quais, segundo o Concílio Vaticano II, têm um papel imprescindível, "pois o apostolado dos leigos, decorrente de sua vocação cristã, nunca pode faltar na Igreja".[1]

Entre os leigos, há aqueles que participam ocasionalmente da comunidade e aqueles que estão verdadeiramente inseridos na vida da Igreja, preocupam-se em testemunhar o Evangelho em seu ambiente de trabalho ou se acham integrados nos diferentes ministérios da comunidade, em seus movimentos e pastorais.

---

[1] Concílio Vaticano II, *Decreto Apostolicam Actuositatem*, n. 1.

Olhando ao redor de nossa comunidade podemos perguntar: "Quem é o cristão leigo?". É o pai de família que trabalha o dia todo para o sustento de seus filhos; a mãe que, além de ser dona de casa, trabalha fora; a professora; o dentista; o jovem... Muitos também dedicam um tempo de suas vidas para a Igreja. Por isso participam da pastoral da juventude, da RCC, da catequese...

Enfim, todos contribuem a seu modo, dentro de suas possibilidades, para a santificação do mundo, para a vinha do Senhor. Esta é sem dúvida a missão do leigo na Igreja: ser discípulo missionário de Jesus Cristo, "contribuindo para a transformação das realidades e para a criação de estruturas justas segundo os critérios do Evangelho".[2]

Os leigos na vinha do Senhor

Proclamar: Mt 20,1-7 — *Os trabalhadores enviados à vinha.*

Ao iniciar a Exortação Apostólica *Christifidelis Laici*, João Paulo II utilizou essa mesma parábola para refletir sobre a identidade e a missão dos leigos na Igreja e no mundo. A vinha é o mundo; os trabalhadores são os leigos; e o patrão é o próprio Cristo. Ele mesmo nos chama e nos convoca para trabalhar em sua vinha.

Os trabalhadores são os pontos-chave, pois deles depende todo o desenvolvimento da vinha do Senhor. Da mesma

---

[2] *Documento de Aparecida*, n. 210.

forma, na vida da Igreja, os leigos são essenciais, pois cabe a eles estarem inseridos em todos os lugares da sociedade e, juntos com os seus pastores, são responsáveis pelo cumprimento efetivo da missão salvífica da Igreja.

Os leigos não só pertencem à Igreja mas também são Igreja e, por isso, são responsáveis pela missão dela juntamente com os religiosos e os ministros ordenados. A missão do leigo está diretamente ligada à missão da Igreja no mundo. O mundo é o lugar principal da realização da vocação cristã dos leigos. Eles contribuem para a santificação do mundo como fermento a partir de dentro, manifestando Cristo com a própria vida.[3]

"É, porém, específico dos leigos, por sua própria vocação, procurar o Reino de Deus exercendo funções temporais e ordenando-as segundo Deus. Vivem no século, isto é, em todos e em cada um dos ofícios e trabalhos do mundo. Vivem nas condições ordinárias da vida familiar e social."[4] Ser leigo é uma vocação, um importante chamado na vida da Igreja, na vida da comunidade. E, se é uma vocação, um dom de Deus, somos convidados a cumprir nossa missão da melhor forma possível.

---

[3] Cf. João Paulo II, *Exortação Apostólica Christifideles Laici*, n. 15.

[4] Concílio Vaticano II, *Constituição Dogmática Lumen Gentium*, n. 31b.

Diversidade de dons e carismas

O Corpo de Cristo é formado por diversos membros, cada qual com sua função. "Como, num só corpo, temos muitos membros, cada qual com uma função diferente, assim nós, embora muitos, somos em Cristo um só corpo e, cada um de nós, membros uns dos outros" (Rm 12,4-5). Cada um exerce sua missão de uma maneira diferente, conforme os dons que recebeu do próprio Deus, mas sempre com o mesmo objetivo de transformar o mundo numa sociedade mais justa e fraterna, onde reine o amor entre todos. Assim, o leigo possui sua função específica nesse corpo, no qual todos concorrem para o mesmo fim: a instauração do Reino de Deus.

A parábola dos trabalhadores da vinha nos apresentou o lugar onde o leigo está inserido: a vinha, o mundo. Eles *estão em todos e cada um dos ofícios e trabalhos do mundo*; não vivem isolados, sozinhos; ao contrário, estão inseridos na sociedade, nos âmbitos familiar, político, econômico, esportivo, religioso etc. Dessa inserção decorre a necessidade de o leigo ser verdadeiramente "sal e luz do mundo"; a modo de "fermento na massa",[5] tem como missão ins-

---

[5] Ibid., n. 31: "Os fiéis leigos são chamados por Deus para que aí, exercendo o seu próprio ofício, inspirados pelo espírito evangélico, concorram para a santificação do mundo a partir de dentro como o fermento, e deste modo manifestem Cristo aos outros, antes de mais

taurar e levar o Reino de Deus a todos os recantos da terra, buscando atingir a todos os homens e mulheres de boa vontade.

Fato da vida

Assim é o caso de Dona Maria de Barros, da Paróquia São José, em Paraisópolis (MG), que encanta a todos, principalmente nas Celebrações Eucarísticas, com a sua música. Ótima educadora que sempre foi, além de se dedicar muitos anos ao magistério, não deixou de colocar seus dons a serviço da comunidade, principalmente tocando o órgão na Igreja e sendo uma excelente catequista. E esse seu engajamento não é de hoje! Ela já está aposentada do trabalho escolar, mas sua missão na Igreja não parou! Sempre está disponível e presente nas celebrações, além de continuar com suas turmas de Crisma. É edificante ver pessoas como Dona Maria, que doa sua vida na comunidade, vivendo em toda a plenitude sua vocação de leiga.

Os desafios do leigo no mundo

Os desafios que o leigo encontra na atualidade são muitos, mas não são de hoje. Já em 1964, no Concílio Vaticano II,

nada pelo testemunho da própria vida, pela irradiação de sua fé, esperança e caridade".

o *Decreto sobre o Apostolado do Leigo* manifestava essa preocupação: "Nosso tempo exige dos leigos um zelo não menor, pois as circunstâncias atuais reclamam deles um apostolado mais intenso e mais amplo" (n. 1b). Percebemos que a vinha, o mundo, está numa constante transformação: é o avanço tecnológico, a preocupação cada vez mais crescente com o meio ambiente, o individualismo que assola os relacionamentos, o fenômeno da globalização. E é nesse ambiente que o cristão leigo está inserido e deve fazer a diferença, exercendo sua missão sacerdotal, profética e régia, recebida em seu Batismo.

Essa mesma constatação apresentada em 1964 foi reforçada em 2007, no *Documento de Aparecida*: "Os povos da América Latina e do Caribe vivem hoje uma realidade marcada por grandes mudanças que afetam profundamente suas vidas" (n. 33).

Diante desses fatos, poderíamos, como muitos o fazem, não nos preocupar com a realidade à nossa volta. Mas a profecia em nossos corações fala mais alto. Assim, vemos quantas pessoas em nossa comunidade fazem de tudo para ajudar os excluídos. Vemos a Pastoral da Criança, presente em quase todas as paróquias de nosso país, que conta com mais de 260 mil voluntários, contribuindo para o desenvolvimento integral das crianças e, consequentemente, das

Quem é o cristão leigo 57

famílias, dando o suporte necessário para que cresçam saudáveis e felizes.

Continua o *Documento de Aparecida*: "Como discípulos de Jesus Cristo, sentimo-nos desafiados a discernir os 'sinais dos tempos', à luz do Espírito Santo, para nos colocar a serviço do Reino" (n. 33). E por mais difícil, contrastante e desafiadora que a realidade possa parecer, esse é o ambiente, o meio em que o leigo deve estar presente, pois é aí que ele irá instaurar o Reino de Deus, que é amor, paz, justiça, perdão e solidariedade.

O leigo é convidado a ser agente transformador de sua realidade, ou seja, alguém que vive e luta pelos ideais que Cristo nos deixou. Para que isso ocorra, deve estar bem preparado: "Para cumprir sua missão com responsabilidade pessoal, os leigos necessitam de sólida formação doutrinal, pastoral, espiritual e adequado acompanhamento para darem testemunho de Cristo e dos valores do Reino no âmbito da vida social, econômica, política e cultural".[6]

Cabe, portanto, desempenharmos sempre mais nossa missão com um ardor sempre renovado, promovendo a dignidade da pessoa humana, lutando pelo direito inviolável à vida que todos possuem, valorizando a família — célula primeira da sociedade —, sendo verdadeiros prota-

[6] *Documento de Aparecida*, n. 212.

gonistas da sociedade em seus diferentes meios, da política, da economia, do esporte, da cultura...

Para aprofundar em grupo

1. Para você, ser leigo é uma vocação?
2. Você conhece algum leigo que se dedica muito à vida da Igreja e à instauração do Reino de Deus? Comente sobre essa pessoa.
3. Quais são os maiores desafios, na atualidade, que os leigos enfrentam?

Para vivenciar

Em atitude de recolhimento, avaliar o que o chamado a ser leigo representa na vida do grupo e como viver essa missão no trabalho, na família, com os colegas...

Após uma pausa — silêncio. Cada participante do grupo expressa sua meta e suas atitudes como leigo daqui para a frente na vida da comunidade, da Igreja. Partilhe também com os seus amigos! Esse é um momento de troca de experiências!

Para celebrar

Entregar o recorte de um pé para cada participante e pedir-lhe que escreva suas metas nesse recorte. Fazer um caminho, terminando num Círio (Cristo

Ressuscitado) e numa imagem de Nossa Senhora (a fiel seguidora de Jesus, sua discípula e missionária).

Proclamar: Is 52,7-15 — *Como são belos os pés do mensageiro.*

Em atitude orante, cada participante expressa sua meta e deposita o recorte no caminho.

Dirigente: Queremos louvar e agradecer a Deus pela missão confiada a todos os leigos, pedindo à Virgem Santíssima sua intercessão e proteção. Como ela trilhou esse caminho de santidade, proclamando o Reino de Deus, vivamos também essa realidade!

Em dois coros:

1. Ó Virgem Santíssima, Mãe de Cristo e Mãe da Igreja,
   Com alegria e admiração nos unimos a teu *Magnificat*,
   A teu canto de amor reconhecido.

2. Contigo damos graças a Deus,
   "Cuja misericórdia se estende de geração em geração",
   Pela maravilhosa vocação e pela multiforme missão
   confiada a todos nós, fiéis leigos,
   A qual o próprio Deus nos chamou pelo nome

Para vivermos em comunhão de amor
e de santidade com ele,
Para estarmos unidos fraternalmente
na grande família de teus filhos,
Sendo todos nós enviados a irradiar
a luz de Cristo e a comunicar
O fogo do Espírito, em todo o mundo,
Por meio de nossa vida evangélica.

1. Enche, Mãe, nossos corações de gratidão
   e entusiasmo
   Por essa vocação e missão.
   Tu, que foste "a serva do Senhor",
   Dá-nos tua mesma disponibilidade para o serviço
   de Deus e a Salvação do mundo.

2. Virgem corajosa, inspira-nos ânimo e confiança
   em Deus,
   Para que saibamos vencer todos os obstáculos
   Que encontramos no cumprimento de nossa missão.

1. Tu, que estiveste no cenáculo,
   junto com os apóstolos em oração,

Invoca sobre todos nós, homens e mulheres
de boa vontade,
A efusão do Espírito Santo derramado em Pentecostes,
Para que possamos, com nossa missão,
Contribuir para a implantação da civilização do Amor,
Segundo a glória e desejo de Deus.[7]
Todos: *Amém.*

---

[7] Adaptação da oração composta por João Paulo II ao concluir a *Exortação Apostólica Christifideles Laici*, pp. 184-186.

Encontro 6

Como é a comunidade

A Igreja inteira é sacramento de Salvação para o mundo. A comunidade é um lugar privilegiado de comunhão que se desenvolve a partir da participação de todos os membros do povo de Deus, sejam bispos, presbíteros, diáconos, religiosos ou leigos. É um trabalho conjunto em que cada um exerce sua função específica e busca valorizar a opinião e o trabalho de todos para que o Reino de Deus aconteça na comunidade e no mundo.

Os chamados a viver em comunhão

Proclamar: 1Jo 1,3 — *Os discípulos são chamados a viver em comunhão com o Pai e com seu Filho Jesus Cristo.*

A comunhão leva a viver o discipulado. A verdadeira Igreja é uma comunhão voltada para a vida que gera alegria e mostra a união íntima entre o Pai e o Filho. Jesus deixou a seus discípulos a missão de tornar presente o Reino de

Deus no mundo, por meio da pregação e do testemunho do Evangelho e da celebração da Eucaristia junto às comunidades. Assim como eles, também somos chamados a continuar essa missão.

As primeiras comunidades se reuniam para "ouvir os ensinamentos dos apóstolos, partir o pão, participar das orações e viver unidos" (At 2,42). Assim, também hoje, a comunidade se reúne para a celebração da Eucaristia para nutrir a comunhão, pois ela é o "cume da vida cristã para onde se dirige toda a ação da Igreja e, ao mesmo tempo donde emana toda sua força".[1] A vida da comunidade é enriquecida pela celebração da Eucaristia. A comunidade procura participar dignamente e se preparar para dar bons frutos ao mundo.

Os fiéis têm uma grande e importante missão na vida da Igreja. "A Igreja, incorporada a Cristo pelo Batismo, participa da mesma vida de Deus e é vocacionada a tornar presentes, na história e nas relações humanas, as relações que vigoram na vida trinitária, onde o poder do Pai é totalmente comunicado para uma vida de total participação e comunhão."[2]

---

[1] CONCÍLIO VATICANO II, *Constituição Sacrosanctum Concilium*, n. 10.

[2] CNBB. *Leigos e participação na Igreja*. São Paulo, Paulus, 1986. p. 41. (Estudos CNBB, n. 45).

Como é a comunidade   65

A mais completa comunhão acontece numa comunidade que vive unida aos bispos e ao Papa. Na Igreja, os fiéis compartilham sua fé, a esperança e o amor. A Igreja busca atrair as pessoas para Cristo a fim de crescer no amor e numa grande comunhão com Deus e com a humanidade.

As comunidades, por sua vez, buscam ser acolhedoras como uma família, sem espaço para a exclusão; respeitam as diferenças entre seus membros e valorizam cada pessoa que participa.

A Igreja possui diferentes membros

A Igreja, como seguidora de Cristo, é uma comunidade de amor que serve a humanidade. Ela possui diferentes membros ligados a ele, o qual é a Cabeça; por isso os membros devem cuidar uns dos outros (cf. 1Cor 13). A comunidade é enriquecida com dons especiais: os carismas do povo cristão. Os ministérios e os carismas são dons do Espírito Santo para a edificação da Igreja e de sua missão no mundo. O Paráclito dirige e guia a Igreja, e distribui os dons hierárquicos e carismáticos entre os batizados, tornando-os, cada um a seu modo, ativos e corresponsáveis.[3]

Existem diferentes carismas e serviços que levam ao exercício da comunhão e estão voltados para a caridade.

---

[3]   Cf. João Paulo II, *Exortação Apostólica Christifideles Laici*, n. 21.

Através desses carismas, os fiéis leigos contribuem para a edificação da Igreja em comunhão com Cristo e com os irmãos. Todos possuem diferentes dons, conforme a graça concedida para cada um (cf. Rm 12,6), e devem complementá-los com os dons dos outros, mantendo-se unidos a Cristo.

Cabe a cada comunidade descobrir os talentos de seus membros para que sejam utilizados em benefício do povo. "Os leigos podem ser chamados de diversos modos a uma colaboração mais imediata com o apostolado da hierarquia, à semelhança daqueles homens e mulheres que ajudavam o apóstolo Paulo na evangelização, trabalhando muito no Senhor (cf. Fl 4,3; Rm 16,3ss)".[4] Também podem participar na ação pastoral da Igreja, com seu testemunho de vida e sua atuação na vida litúrgica, nas pastorais da catequese, como ministros da Palavra, da comunhão eucarística e em outras pastorais, conforme a necessidade da comunidade.

Os leigos fazem parte da missão da Igreja universal e, em comunhão com os pastores, exercem suas funções na comunidade. Eles atuam em Conselhos de Pastoral junto aos presbíteros e aos bispos, mantendo um diálogo pastoral e um verdadeiro respeito a fim de que haja a construção da comunhão.

---

[4] CONCÍLIO VATICANO II, *Constituição Dogmática Lumen Gentium*, n. 33.

Deus chama cada um de maneira particular para exercer sua missão de povo cristão. Os fiéis leigos têm um lugar de grande importância na Igreja de Cristo porque estão presentes em diversos setores do mundo, como sinal de amor e testemunha do Cristo através de sua vida.

Para atuar em diversos setores da sociedade, os leigos necessitam de uma adequada formação sobre a Doutrina da Igreja, fundamentando-se no seguimento de Cristo. A Igreja é uma presença diferente no mundo e, como tal, quer promover a unidade, a justiça e a paz, e levar as pessoas a viverem numa verdadeira comunhão entre si e com Deus.

A comunidade a serviço do Reino de Deus

Ao longo do tempo, a Igreja se formou nas grandes cidades, e novos grupos se desenvolveram conforme a realidade e se colocaram a serviço do Reino e da comunhão fraterna. A Igreja é o lugar onde as pessoas se concentram e se reúnem como comunidade cristã para prestar culto a Deus e organizar estratégias que colaborem para o desenvolvimento dos irmãos. Buscam seguir o exemplo de Cristo, que acolhia a todos sem fazer distinção e se dirigia aos mais variados locais em busca de quem mais precisava de ajuda.

Os leigos são valorizados em suas diferentes funções, organizam-se nas mais variadas associações, têm oportunidades de receber boa formação cristã para transmitir o Evangelho e também presença significativa nas diversas estruturas da cidade, expondo suas ideias e opiniões.

A Igreja de Deus acolhe as pessoas e se organiza em seus diversos ministérios e carismas a serviço dos irmãos, como o ministério da Palavra, o ministério da comunhão eucarística, as pastorais sociais, os trabalhos junto aos excluídos etc. Na comunidade, cada um dos membros exerce suas próprias funções, sejam presbíteros, leigos ou religiosos. O trabalho da comunidade está baseado na igualdade e favorece o serviço solidário para todos.

A Igreja é uma comunidade de irmãos e irmãs que vivem unidos pela mesma fé em Jesus. Os membros formam o povo de Deus e são chamados para agir conforme o carisma que possuem, com o objetivo de transformar o mundo e promover a realização do projeto de Deus.

Os membros da Igreja podem trabalhar para que a Palavra de Deus, que é luz para os povos, chegue ao conhecimento de todos os seus filhos, mesmo nos mais diversos setores da sociedade e lugares onde as pessoas atuam. Para isso, é necessário contar com a graça do Espírito Santo, "que sopra onde quer" (Jo 3,8), e colaborar para o bem de todos e a edificação da Igreja de Cristo.

Para aprofundar em grupo

Fazer a leitura do texto de At 2,42-47 e refletir sobre o retrato das primeiras comunidades.

1. Quais as semelhanças entre as primeiras comunidades e a nossa atualmente? Quais as diferenças?

2. O que era mais valorizado nas primeiras comunidades?

3. O que fazia com que o número de seguidores de Jesus aumentasse cada dia mais?

4. O que podemos fazer para que nossa comunidade seja mais parecida com as primeiras comunidades?

Para vivenciar

Fazemos parte de uma mesma Igreja, vivemos numa mesma comunidade e trabalhamos para que ela se desenvolva cada vez mais percorrendo o caminho da unidade e valorizando a participação de todos.

Procuremos viver como Jesus nos ensinou: servindo os outros, fazendo o bem a todos com atitudes que levem ao crescimento no amor, sem excluir ninguém da comunidade, mas valorizando a opinião de cada um.

Em nossa comunidade, as atitudes egoístas não podem acontecer. Se desejamos viver numa comunidade de amor, conforme Jesus nos propõe, devemos acolher a participação de todos com muito carinho.

70   Cristãos a serviço do Reino

Para celebrar

Como as primeiras comunidades (cf. At 2,46-47), a comunidade paroquial se reúne para partir o Pão da Palavra e da Eucaristia e perseverar na catequese, na vida sacramental e na prática da caridade.[5]

Partilhar o pão e o vinho com todos os participantes, destacando a importância de não deixar ninguém fora do banquete. Pedir que cada um se preocupe em servir o outro para que todos se sintam acolhidos e tenham grande prazer em participar dessa comunidade onde reina o amor.

---

[5]   Cf. *Documento de Aparecida*, n. 175.

Encontro 7

A espiritualidade

A comunidade celebra sua fé de diferentes maneiras e sempre está em busca de uma maior aproximação de Jesus, embora enfrente grandes desafios que exercem influência sobre a vida de seus membros.

A Igreja busca incentivar os cristãos para que possam se comprometer com o Evangelho de Jesus, vivendo no mundo e sendo suas testemunhas em toda parte, apesar das frequentes transformações na sociedade atual.

O cristão alimenta sua fé especialmente nos sacramentos da Penitência e da Eucaristia, reza diariamente e mantém-se fiel à escuta da Palavra. Nesse caminho, suas devoções o auxiliam a vencer as dificuldades e lhe são testemunhos de perseverança na fé.

A comunidade celebra sua fé

Proclamar: At 4,32-35 — *A multidão dos fiéis era um só coração...*

O retrato das primeiras comunidades cristãs nos mostra que todos eram animados pela fé e pela força de Deus e procuravam viver na prática tudo o que Jesus ensinava, ou seja, viver na unidade, pensar uns nos outros, repartir os bens conforme as necessidades de cada um e viver a caridade.

É na Celebração Eucarística que a comunidade renova sua vida em Jesus Cristo. "A Eucaristia, na qual se fortalece a comunidade dos discípulos, é para a paróquia uma escola da vida cristã."[1] Através da vida sacramental, da leitura da Palavra de Deus, da prática da caridade, os membros da Igreja se preparam para produzir abundantes frutos para a edificação na vida do mundo.

É importante a nossa participação na Celebração Eucarística dominical, pois celebramos o Mistério Pascal de Cristo e o Espírito Santo nos inspira a cumprir nossa missão.

Penitência e Eucaristia

Conforme nos ensina o Concílio Vaticano II, o amor à Eucaristia nos leva a uma maior valorização do sacramento da Penitência,[2] pelo qual podemos nos aproximar mais dignamente da Eucaristia.

---

[1] *Documento de Aparecida*, n. 175.

[2] Cf. Concílio Vaticano II, *Constituição Sacrosanctum Concilium*, n. 20.

A Eucaristia é o lugar privilegiado do encontro com Jesus. Nesse sacramento, Jesus nos atrai e faz aumentar nossa união com ele para que sejamos capazes de viver seu amor. A Eucaristia é a maneira especial de Jesus permanecer conosco, embora sua presença e a manifestação de seu amor estejam em todos os momentos de nossa vida.

Por meio desse sacramento, é possível conhecer mais plenamente o mistério de Deus. Quem participa da Eucaristia e comunga o Pão da Palavra e o Pão da Vida, cresce no amor e assume o compromisso com o próximo para viver como irmãos.

Os fiéis, ao se aproximarem do sacramento da Reconciliação, renovam a graça batismal e vivem como discípulos de Jesus. A comunidade faz a experiência do Deus uno e trino, valoriza a unidade e a comunhão inseparável que leva a um encontro de amor. Através do sacramento da Reconciliação, a comunidade realiza o encontro com Jesus, que dá seu perdão e seu amor.

A oração e a Palavra de Deus

A oração pessoal ou comunitária alimenta o fiel e promove o encontro com Deus. Como é bonito ler nos evangelhos Jesus passando horas inteiras em oração íntima e pessoal com o Pai. Ali, ele descobria sua missão e compreendia a vontade do Pai. "Jesus foi à montanha para orar. Passou a noite toda em oração a Deus" (Lc 6,12) ou ainda: "Depois de despedir as multidões, subiu à montanha, a sós, para orar" (Mt 14,23).

A ação do Espírito Santo se faz presente na Sagrada Escritura lida na Igreja e na Tradição, e é a alma da evangelização da Igreja. A Palavra de Deus lida e meditada consiste no alimento eficaz para o povo se fortalecer no cumprimento de sua missão. A *Lectio Divina*, a leitura orante da Palavra, favorece maior aproximação e entendimento da Palavra de Deus, e leva a um encontro pessoal com Jesus.

Devoções populares

Nas comunidades, existem muitas manifestações da piedade do povo, como festas de padroeiros, novenas, vias-sacras, festas de santos, promessas, orações em famílias etc. Em diferentes momentos da luta cotidiana, o povo recorre a sinais do amor de Deus, como o crucifixo, o rosário ou uma vela que é acesa para acompanhar o filho em sua enfermidade, ou um Pai-Nosso recitado em lágrimas, ou um olhar para a imagem de Maria, ou um sorriso voltado para o céu.[3]

A piedade popular é uma maneira autêntica de viver a fé, um jeito próprio de pertencer à Igreja. Muitos povos se

---

[3] Cf. *Documento de Aparecida*, n. 261.

A espiritualidade 75

identificam com Cristo sofredor e se apegam ao amor de Deus. A presença de Maria é bastante valorizada entre os povos, como aquela que reúne seus filhos com Jesus. Ela é missionária e continuadora da missão de Jesus.

O Papa Bento XVI afirma que "Maria Santíssima, a Virgem pura e sem mancha, é para nós escola de fé destinada a conduzir-nos e a fortalecer-nos no caminho que leva ao encontro com o Criador do céu e da terra".[4]

Há também uma grande devoção aos apóstolos de Jesus e aos santos. As comunidades se inspiram em seu testemunho. Há um grande carinho por São José e pelos apóstolos Pedro e Paulo, considerados testemunhos da fé cristã.

Para aprofundar em grupo

1. Como a comunidade incentiva a participação dos fiéis nas celebrações da Eucaristia para que possam colher seus frutos e colocar em prática a vontade de Deus, que é a vivência do amor?

2. Quais são as maneiras mais comuns de devoção popular existentes na comunidade? Será que exercem influência em sua vida cristã?

---

[4] BENTO XVI, *Discurso no final do Santo Rosário no Santuário de Nossa Senhora Aparecida*, 12 de maio de 2007.

3. A comunidade costuma se reunir para ler e meditar a Palavra de Deus? Quais são os frutos recebidos por meio dessa forma de oração?

Para vivenciar

Os membros da comunidade despertam para a valorização da caminhada litúrgica da Igreja, para a vivência da fé e para a prática da oração feita com carinho pelos irmãos. As celebrações comunitárias e a oração pessoal aumentam nossa união com Deus e devem nos levar ao compromisso de testemunhar a fé com o objetivo de transformar a sociedade.

Para celebrar

Deus age de maneira permanente na vida de seu povo. Essa ação se faz presente na vida de sua comunidade, que expressa sua fé. A ação de Deus é demonstrada no Salmo 136.

Rezar em dois coros:

1. Louvai o Deus dos deuses: pois eterno é seu amor.

   Louvai o Senhor dos senhores: pois eterno é seu amor.

   Só ele fez grandes maravilhas: pois eterno é seu amor.

   Criou os céus com sabedoria: pois eterno é seu amor.

2. Firmou a terra sobre as águas: pois eterno é seu amor.

   Fez os grandes luminares: pois eterno é seu amor.

   O sol para governar o dia: pois eterno é seu amor.

   A lua e as estrelas para governar a noite:
   pois eterno é seu amor.

1. Feriu o Egito nos seus primogênitos:
   pois eterno é seu amor.

   Tirou Israel do meio deles: pois eterno é seu amor.

   Com mão poderosa e braço estendido:
   pois eterno é seu amor.

   Dividiu o Mar Vermelho em duas partes:
   pois eterno é seu amor.

2. Fez Israel passar no seu meio: pois eterno é seu amor.

   Lançou ao Mar Vermelho o Faraó e seu exército:
   pois eterno é seu amor.

   Guiou o seu povo no deserto: pois eterno é seu amor.

No final podem-se acrescentar outros louvores conforme a realidade da comunidade.

ENCONTRO 8

Os desafios de pertencer à comunidade

A Igreja cristã enfrenta vários desafios, como o pluralismo religioso e cultural, a globalização, a violência, a pobreza, a injustiça, a cultura de morte etc. Tudo isso afeta nossas comunidades, que precisam manter o diálogo com a nova realidade, sem aderir ao que contraria os princípios do Evangelho.

Internamente, os agentes de nossas comunidades enfrentam incompreensões na realização dos trabalhos pastorais e na organização de eventos. Existe, ainda, o sério problema do clericalismo em muitas comunidades, pois ocorre concentração de decisões nas mãos de poucos, e alguns leigos assumem posturas de excessivo mandonismo.

Há leigos que permanecem em seus cargos nos grupos de pastorais por longos anos, ou porque não dão abertura para outros assumirem seu lugar ou porque não tem quem queira assumir cargos de coordenação nos grupos, o que prejudica o desenvolvimento da comunidade como um todo.

Para a comunidade se desenvolver, ela precisa de cristãos dispostos a enfrentar desafios, sempre conscientes de que Deus se faz presente na comunidade e além dela: nos sacramentos e na Palavra, na prática da caridade e nos irmãos excluídos.

Ser testemunha do Evangelho implica buscar esclarecimento e desenvolver atitudes que promovam o bem comum, como a assistência aos pobres; ter uma postura ética no ambiente familiar, no trabalho, na política e na participação firme e eficaz em diversos setores da sociedade civil; estar atento aos sinais dos tempos e ter olhos voltados para o futuro, na confiança de que Deus sustenta a comunidade na esperança do cumprimento da verdade que Jesus propõe. Para tanto, o Espírito Santo fortalece o amor entre as pessoas, pois Jesus nos diz: "Recebereis a força do Espírito Santo [...] e sereis minhas testemunhas [...] até os confins da terra" (At 1,8).

O seguimento a Jesus é um desafio

Proclamar: Mc 3,14-18 — *Jesus chama os apóstolos.*

Jesus chama a cada um para conviver com ele e seguir seus passos no caminho do Evangelho. O cristão, quanto mais toma consciência de que pertence a Cristo, mais sen-

Os desafios de pertencer à comunidade 81

te a necessidade de partilhar seus dons com as pessoas na comunidade e ir ao encontro delas anunciando o amor misericordioso de Deus Pai que está presente nele. Porém, é preciso discernir, pela fé, quais são os desafios ao longo da vida e como buscar novos caminhos.

A solidariedade e o serviço aos excluídos levam a uma renovação das práticas de caridade. Os cristãos vão além de uma simples assistência e criam iniciativas que levam a uma transformação social, como o serviço prestado pela Pastoral da Saúde, Pastoral da Criança, Pastoral do Idoso etc. Os cristãos colaboram na construção da sociedade justa e fraterna, lutando contra o que prejudica a vida humana. Inspirados no exemplo de Jesus, vão aos mais diversos povoados e se encontram com aqueles de que ninguém quer se aproximar.

As comunidades aprofundam seu conhecimento sobre a Palavra de Deus e a prática da doutrina social da Igreja para combater a injustiça e a marginalização social com denúncias firmes contra tudo aquilo que se opõe ao Evangelho e aos princípios éticos. Muitos cristãos sentem a necessidade de se engajarem na política partidária, para tentar mudar as situações de injustiça e de desvalorização da dignidade humana.

Citamos o exemplo de um pai de família, muito próximo de nosso convívio e comprometido com a fé. Trabalhando numa fábrica automotiva, começou a participar do sindicato e queria agir conforme os princípios cristãos. Ao defender os interesses dos funcionários, começou a ser malvisto pelos chefes, que queriam que ele agisse de acordo com os critérios e interesses deles e não se preocupasse tanto com os colegas. Esse homem viveu um grande conflito, pois precisava de seu emprego e, ao mesmo tempo, não podia ir contra seus princípios cristãos. Por fim, decidiu agir conforme sua consciência e a favor de seus colegas, mesmo que isso custasse seu emprego, pois o que lhe importava, de fato, era ser justo e valorizar a pessoa humana em sua dignidade.

A evangelização é um desafio

O maior desafio dos cristãos, nas comunidades, é a nova evangelização. A sociedade mantém a livre escolha dos valores religiosos e éticos. É uma realidade que contribui para a crise de ideologias entre famílias, instituições políticas, educacionais e que causa fragmentação dos valores.[1] Sem o apoio do contexto tradicional que mantinha a transmissão da religiosidade cristã de pai para filho, a maioria das pessoas que recebe o Batismo quando criança já não é educada

---

[1] Cf. PINHEIRO, José Ernanne. *A missão dos leigos rumo ao Novo Milênio*. São Paulo, Paulinas, 1997. p. 89.

na fé e nem a vive na família. As novas gerações não recebem o anúncio do Evangelho de maneira eficaz.

As famílias vivem em conflito entre o que é apresentado pela mídia (individualismo, imediatismo, utilidade, diversão etc.) e o que é ensinado pela Igreja como princípios cristãos (caridade, castidade, amor ao próximo, valorização da vida etc.). Como discípulos de Jesus, somos desafiados a perceber os "sinais dos tempos" à luz do Espírito Santo, para nos colocarmos a serviço do Reino, que foi anunciado por Jesus.[2]

As mudanças estão sempre presentes

O mundo passa por mudanças muito rápidas, pois a comunicação acontece velozmente em todos os lugares e traz consequências para todos os campos da vida, especialmente para a fé. Os cristãos sofrem o desafio de conviver com as novas linguagens que, muitas vezes, impedem a revelação do verdadeiro sentido da vida.

As pessoas necessitam de informações para conviver bem na sociedade. Os meios de comunicação de massa apresentam imagens que atraem. As conversas das famílias foram invadidas pelos meios de comunicação, que causam distração, entretenimento e dispersam a sabedoria das tra-

---

[2] Cf. *Documento de Aparecida*, n. 33.

dições. Essa situação afeta a dignidade da pessoa humana. Para enfrentar isso, "os cristãos precisam recomeçar a partir de Cristo, a partir da contemplação de quem nos revelou em seu mistério a plenitude do cumprimento da vocação humana e de seu sentido".[3]

Para aprofundar em grupo

1. Quais os maiores desafios que enfrentamos em nossa comunidade?

2. Que trabalhos são feitos na comunidade para colaborar na valorização da dignidade das pessoas excluídas?

3. O que podemos fazer em nossas casas para que os meios de comunicação informem e tragam entretenimento sem se transformarem em verdadeiros ídolos?

Para vivenciar

A Igreja se faz presente no mundo dedicando-se às pessoas e ajudando-as a encontrar respostas para suas necessidades. Mais do que nunca, o cristão desenvolve uma visão crítica, não aceitando passivamente o que lhe é apresentado pelos meios de comunicação.

---

[3] Ibid., n. 41.

Os desafios de pertencer à comunidade   85

Diante das dificuldades de articularmos o trabalho pastoral na comunidade, tenhamos sempre presente que o trabalho feito em conjunto, com cada um dando sua opinião, traz melhores resultados para a comunidade. Por isso, é fundamental o bom funcionamento do conselho de pastoral.

Podemos refletir sobre a espiritualidade de nosso povo e os desafios de nossa comunidade, sem ter medo de olhar nos olhos e sentir a presença de cada pessoa. Evangelizar não é apresentar receitas prontas na comunidade. Podemos utilizar esta dinâmica como um jeito diferente de rezar.

Vamos utilizar um grande coração feito de papel.

1. Em uma sala vamos colocar ao centro um coração, flores, espinhos e folhas verdes. Com uma música de fundo, vamos contemplar o coração (íntimo) de nossa comunidade: o que as pessoas sentem, festejam, pensam na comunidade?

2. Em seguida, vamos colocar sobre o coração algum objeto que retrate a realidade apresentada.

3. Todos caminham em volta, observam e contemplam:

   O que vejo chama a atenção?

   De que mais me lembro?

   Com que devo me comprometer mais e melhor?

4. Vamos deixar que todos reflitam individualmente:

   O que eu trouxe?

O que mais chamou a atenção nesta dinâmica?

O que esta dinâmica tem a ver com a nossa vida?

Para celebrar

Vamos rezar pela nossa comunidade para que ela seja fraterna e viva o mesmo amor que tinham os primeiros cristãos.

A oração[4] pode ser feita em dois coros:

1. Senhor, peço pela minha comunidade.

2. Para que nos conheçamos melhor e haja mais amor.

1. Para que cresçamos na fé e na confiança.

2. Para que cada um sinta e viva as necessidades dos outros.

1. Para que as discussões não nos dividam, mas unam, em busca da verdade e do bem.

2. Para que as diferenças não excluam ninguém da comunidade, mas levem à unidade.

1. Para que olhemos para cada um com os olhos do Senhor.

---

[4] *Devocionário da Família Franciscana*. Petrópolis, Vozes, 1996. p. 375.

Os desafios de pertencer à comunidade   87

2. Para que amemos com o teu coração.

1. Para que nossa comunidade não se feche em si mesma, mas acolha os outros.

2. Para que, no fim de todos os caminhos e além de todas as buscas,

1. No final de cada discussão e depois de cada encontro,

2. Nunca haja "vencidos", mas sempre "irmãos".

1. E assim trilharemos o caminho que termina no céu.

Todos: *Amém.*

Encontro 9

A formação permanente

O ritmo frenético de mudanças que vivemos nos impõe a necessidade constante de formação (a chamada "formação permanente") no seio das comunidades eclesiais: curso de Teologia, escolas catequéticas e círculos bíblicos... Reuniões semanais e mensais... Encontros paroquiais e diocesanos... Visitas, retiros, missões, meditações... Orações e leitura orante... Celebração Eucarística... vida da comunidade...

Muitas comunidades conseguiram atingir um alto grau de conhecimento e aprofundamento no estudo da Palavra e no dinamismo das ações pastorais. Outras, no entanto, ainda encontram dificuldades para *avançar para águas mais profundas*, carentes no acesso ao conhecimento da Palavra e no próprio amadurecimento do testemunho evangélico cotidiano. Com fracos argumentos ficam à disposição de "falsos profetas" que mascaram o Reino de Deus e até mesmo o subvertem.

90 Cristãos a serviço do Reino

Dica: No ambiente do encontro podem ser dispostos cartazes com as indicações dos elementos da formação permanente citados antes, de modo que o grupo possa adentrar o espaço e reconhecer quanto já vem sendo feito pela comunidade e quanto ainda é preciso ser feito.

A vocação ao serviço

Proclamar: 2Cor 5,14-21 — *O amor de Cristo nos impele.*

A missão provém do próprio mistério de Deus e da realização de sua vontade. Jesus Cristo observava, ouvia, conversava, acolhia, sentia a realidade da vida e apresentava uma nova proposta de conversão, perseverança e paz (cf. Mt 9,27-31; 15,10-20; Mc 2,18-22.23-28; Lc 7,11-17; 11,27-28; Jo 9,27-31). À sua imagem e semelhança, homens e mulheres com as mais variadas vocações apresentam-se a serviço da instauração do Reino de Deus e com alegria e determinação proclamam: "Ele me consagrou com a unção, para anunciar a Boa-Nova aos pobres: enviou-me para proclamar a libertação aos presos e, aos cegos, a recuperação da vista; para dar liberdade aos oprimidos e proclamar um ano de graça da parte do Senhor" (Lc 4,18-19).

Segundo as pistas de ação das *Diretrizes Gerais da ação evangelizadora da Igreja no Brasil*, "a ação pastoral deve dar muito valor à pessoa enquanto tal, com suas exigências e expectativas",[1] constituindo "a ação dos leigos indispensá-

---

[1]   Cf. CNBB. *Diretrizes da ação evangelizadora da Igreja no Brasil 2003-2006.* São Paulo, Paulinas, 2003. n. 104 (Documentos da CNBB, n. 71).

vel para que a Igreja possa ser considerada realmente viva e operante em todos os seus setores, plenamente sinal da presença de Cristo entre os homens".[2] Conscientes da tarefa, os leigos acolhem as palavras proféticas com as quais Jesus os envia em missão: "Quem recebe aquele que eu enviar, a mim recebe, e quem me recebe, recebe aquele que em enviou" (Jo 13,20). Ao: "Não estou preparado, ao não sei o que fazer", e ao: "Não tenho tempo", vão superar com o: "Sim, eu estou aqui para servir, para ajudar nas necessidades da vida da comunidade, para melhor me preparar para atender aos irmãos".

Movidos pelo Santo Espírito, nós nos encontramos para assumir a Igreja que somos sem receios e com muita vontade de aprender. À luz da Conferência dos Bispos em Aparecida, fomos chamados a tomar consciência dos anseios mais profundos de nossa existência, principalmente dos anseios de verdade e de felicidade, iluminados com a revelação tanto da Antiga como da Nova Aliança.

Na história do povo da Aliança, Deus manifesta suas obras como Pai e Pastor, como o Senhor da História, nosso Legislador e Juiz, revelando-se na vida do povo escolhido para que este assumisse a missão de trazer sua benção para todas as nações da terra. Ao escolher Abraão (cf. Gn 12),

---

[2] João Paulo II. Discurso aos bispos dos Regionais Nordeste 1 e Nordeste 4, 26/10/2002. In: *Palavra de João Paulo II aos bispos do Brasil.* São Paulo, Paulinas, 2003 p, 75, n. 7.

manifestou-se o embrião da missão, somado às ações dos patriarcas, à libertação da escravidão do Egito e à entrega das tábuas da lei, configurado no caminho que faria de Israel um povo capaz de adorá-lo e de viver na paz, no amor e no respeito fraterno, sem ídolos, nem misérias, nem escravidões. Pelo mistério da Encarnação, na Nova Aliança, o Filho de Deus se tornou nosso irmão e salvador. Por sua morte e ressurreição, ele venceu o demônio que separa da realização da vocação verdadeira de filhos e filhas do Deus da vida, derrubou o muro da inimizade e se fez a nossa paz (cf. Ef 2,13-22).

Para pensar

Pastoralmente, reconhecemos que ser agente de pastoral na Igreja hoje expressa um grande desafio. Sem convicções claras e um coração aberto para novas experiências, tudo começa a ser corriqueiro e a tristemente a esvaziar-se de sentido, ferindo até mesmo a adesão pessoal ao Cristo, grande desafio do século XXI.

Crianças, jovens e adultos confiam em nós, convidam-nos para adentrar em suas vidas e compartilham conosco suas angústias, alegrias e sonhos. A própria Igreja afirma a importância de nosso trabalho, da missão do leigo sob a qual devem ser dadas adequadas motivações para que se:

- conheça profundamente a Palavra de Deus presente na Bíblia, meditando com sabedoria;

A formação permanente 93

- possa ler a realidade de sua comunidade e realizar nela a vontade do Pai;
- saiba ler os sinais dos tempos como sinais de Deus e testemunhar que o Reino é possível;
- assuma sua missão "com todo o coração, com toda a alma e com toda a força" (Dt 6,5) assim como Moisés;
- evangelize com a força do Espírito Santo, consciente de suas potencialidades e limitações.

Pensar em como isso é possível para Dona Ana, que mora no interior de Goiás, ou para Senhor Antunes, que reside em uma cidade de Santa Catarina, é um dos desafios a serem somados a muitos outros na formação permanente dos agentes pastorais. A realidade de cada um clama por um trabalho que articule fé e vida, as quais estejam profundamente ligadas com as realidades do mundo e da Igreja particular (diocese).

Para aprofundar em grupo

Quando iniciamos nossos trabalhos de agente de pastoral, tínhamos dimensão do que nos aguardava? E agora que o tempo passou, como nos sentimos na realização de trabalhos tão importantes? Tivemos uma formação apropriada, fundamentada no anúncio da Palavra e que respondesse às nossas dúvidas? Ampliamos nosso olhar sobre o papel de leigos e leigas a serviço do Reino? Em que fundamentamos nossos estudos?

94   Cristãos a serviço do Reino

Para vivenciar

Os participantes do grupo podem se reunir para um momento de contar histórias. Toda comunidade tem histórias e nelas estão contidos os desafios e as conquistas, os estudos e as principais dúvidas, enfim, os conteúdos de fé que felizmente a vida pode apresentar.

Na vida da comunidade, o que melhor expressa seu dinamismo são os testemunhos. Neles, muitas vozes conseguem dizer quem são, o que querem e como estão. Não adianta uma comunidade dizer apenas que tem fé e repetir as palavras da Bíblia; é necessário que suas ações sejam continuação da ação de Jesus, confirmando a própria fé (cf. Jo 5,19-47). A formação permanente tem grande apreço pelas histórias de vida. Algumas situações podem se tornar sementes de muitas outras realidades.

Fato 1

Os agentes pastorais se reuniram com o padre e decidiram organizar uma "Semana Bíblica" para atender às necessidades de compreensão da comunidade e atualizar teologicamente seus conhecimentos. A cada dia um tema foi proposto, dúvidas eram apresentadas, o tema discutido e conclusões tiradas, fortalecendo a fundamentação da fé de crianças, jovens e adultos ali presentes. Uma senhora, muito emocionada, pediu a palavra e testemunhou ter muitas dificuldades na leitura e na interpretação da Palavra de Deus, uma vez que não sabia ler e escrever. Isso, porém, não a impedia de ouvir o que Deus queria que ela fizesse e, todos os dias pela manhã, ela colocava as mãos sobre as páginas da Bíblia para sentir o chamado da missão a qual deveria cumprir em mais um dia de vida.

Fato 2

Os 78 anos de vida daquele homem tinham sido fortalecidos com muita oração e ação comunitária. A diabetes, a pressão alta, a hérnia de disco não o haviam impedido de realizar sua vocação de serviço aos mais necessitados de sua comunidade. Um dia, o peso da idade e dos problemas de saúde o fizeram acordar meio indisposto e, ao levantar da cama, percebeu que sua visão já não era a mesma. Vultos era o que via. Andar seria uma dificuldade e ler tornar-se-ia algo impossível. O que fazer, pensou ele, já que como ministro da Palavra e da Eucaristia tinha obrigações a cumprir e não poderia deixar que esses obstáculos o vencessem? A televisão e o rádio continuariam a ser seus companheiros inseparáveis na tarefa dos estudos e da reflexão da Palavra de Deus, presentes nas missas e nas reflexões diárias, com o serviço extra de fazê-lo "ouvir melhor". Assim, ele pôde continuar sua missão, realizando belíssimas proclamações nas celebrações, emocionando e fortalecendo crianças, jovens e adultos a transformarem problemas em possibilidades de renovação e de melhor compreensão do serviço ao Reino.

Fato 3

Após a realização de um encontro de formação de agentes pastorais sobre o Evangelho de São Marcos, uma senhora bastante alegre e agradecida pela possibilidade de estar ali presente e de ter aprendido mais sobre a Palavra de Deus, testemunhou ser seu maior sonho a possibilidade de saber ler para um dia proclamar a Palavra na celebração. Isso seria maravilhoso para ela!

Fato 4

Com o apoio de um instituto de ensino superior e de uma editora, uma diocese conseguiu organizar uma escola catequética para a formação permanente dos catequistas da iniciação cristã. A cada semestre, nos meses de fevereiro e julho, durante uma semana, temas são abordados para ampliar, aprofundar e atualizar os conhecimentos sobre o ministério da catequese e auxiliar no dinamismo do serviço à comunidade.

Assim como essas, muitas outras experiências e conquistas são realizadas. Mas também é fato que muitas co-

A formação permanente 97

munidades carecem de estudos atualizados e de melhor dinamismo entre os agentes pastorais. Quando a comunidade reconhece a importância da formação permanente, vemos nela o testemunho de pessoas que se esforçam para ampliar seus conhecimentos, realizando cursos de aprimoramento e atendendo aos irmãos em suas necessidades. São homens e mulheres, jovens e idosos, crianças que, apaixonados pela Palavra, buscam melhorar a cada dia suas condições, lendo e ouvindo mais e melhor, dialogando e trocando ricas experiências.

Para celebrar

Dirigente: Reunidos pela Santíssima Trindade † *Pai, Filho e Espírito Santo,* são apresentadas as preces ao Senhor:

Leitor 1: Proclamamos a Boa-Nova de Jesus Cristo, caminho de santidade, de vocação e de serviço.

Todos: Buscamos conhecer, testemunhar e anunciar a Palavra em nossas comunidades, aos teus filhos e filhas, Senhor.

Leitor 2: Possamos abrir nossos corações e nossas mentes ao conhecimento de tua vontade em nossas vidas.

Todos: Buscamos conhecer, testemunhar e anunciar a Palavra em nossas comunidades, aos teus filhos e filhas, Senhor.

Leitor 3: Alimentados por tua vontade, sentimo-nos seguros em proclamar a Boa-Nova a todo tempo, momento e lugar, a toda criatura.

Todos: Buscamos conhecer, testemunhar e anunciar a Palavra em nossas comunidades, aos teus filhos e filhas, Senhor.

Pai nosso...

ENCONTRO 10

O protagonismo dentro e fora da Igreja

Assim como a criança necessita encontrar na mãe a segurança, o conforto, o alimento e o amor, o cristão encontra na Trindade Santa sua própria identidade de vida. Nela, toda ação provém de Deus e todo o serviço, de Jesus Cristo, assim como todos os dons, do Espírito Santo, de modo que haja "entre todos os fiéis uma verdadeira igualdade, pela qual todos, segundo a condição e os múnus próprios de cada um, cooperem na construção do Corpo de Cristo".[1]

As atitudes de Jesus junto a seu povo no contexto de sua época e a forma como as primeiras comunidades cristãs assumiram a missão do anúncio do Evangelho tornaram-se referenciais concretos para a compreensão do modo como

---

[1] *Código de Direito Canônico*, cân. 8; *Código dos Cânones das Igrejas Orientais*, cân. 11.

Ser Igreja no novo milênio

Após a realização do Concílio Vaticano II, em 1965, a ação pastoral conquistou lugar de comunhão e de participação na estrutura da Igreja, e todo o povo de Deus foi chamado para a missão. Na medida de seus conhecimentos, competências, todo batizado exerce a corresponsabilidade na vida da Igreja e torna-se indispensável seu *compromisso* e *engajamento* na missão.

A atuação da Igreja em relação a si mesma e em relação à sociedade passa a ter um novo olhar sobre a importância dos agentes pastorais. Em suas comunidades, eles se tornaram referenciais de luta, coragem, dinamismo, acolhida e superação de situações que limitam a evangelização.

A serviço da vontade de Deus, a Igreja compreendeu que sua existência somente faz sentido dentro da realidade histórica do mundo, reagindo contra a opressão, as injustiças, as desigualdades e as rivalidades. A Igreja adentrou o século XXI mais consciente, dialógica e sensível às necessidades de vida do povo em sua opção preferencial pelos pobres e tomou consciência cada vez mais clara de que sua missão fundamental é a *evangelização*. Nesse sentido, algumas atitudes foram tomadas para a realização da ação evangelizadora:

- o cuidado para que a Igreja se revelasse verdadeiramente uma comunidade fraterna, na qual as diferentes vocações não escondam a igualdade de todos os fiéis e se encoraje a participação ativa de todos;

- o estímulo à formação de comunidades menores com participação mais direta e pessoal;

- o empenho para que as Comunidades Eclesiais de Base (CEBs) e os diversos grupos, organismos e movimentos particulares se articulem ou se integrem convenientemente na paróquia ou diocese;

- a participação, quanto possível, do planejamento, das decisões e da execução das tarefas referentes à vida eclesial e à ação pastoral, bem como da sua avaliação;

- o oferecimento de oportunidades reais tanto de informação sobre os assuntos da vida eclesial quanto de formação cristã, sem a qual dificilmente poder-se-ia participar consciente e responsavelmente na comunidade;

- o desenvolvimento de esforços amplos e constantes na evangelização de jovens e adultos;

- o incentivo do diálogo e da opinião pública, de modo a garantir que os meios de comunicação social pudessem

102   Cristãos a serviço do Reino

oferecer condições para que o pensamento e a ação dos cristãos leigos e leigas progredissem.

Há que superar uma atuação exclusivamente religiosa, como se os outros campos, como o da política, da economia, da cultura, não lhe dissessem respeito,[2] e compreender quanto eles são importantes para que a ação da Igreja no mundo e a transmissão da mensagem evangélica penetrem a vida humana em todas as suas dimensões. A Igreja recebe a missão de anunciar o Reino de Deus e de instaurá-lo em todos os povos, e constitui na terra o germe e princípio desse Reino.[3] Para desempenhar tal missão, ela, a todo momento, tem o dever de perscrutar os sinais dos tempos e interpretá-los à luz do Evangelho, de tal modo que possa responder, de maneira adaptada a cada geração, às interrogações eternas sobre o significado da vida presente e futura e de suas relações mútuas.[4]

A Igreja existe para evangelizar, realizando em Jesus Cristo o primeiro anúncio, marcado por elementos essenciais como: a acolhida, a comunhão, o chamado para a con-

---

[2]   Cf. Paulo VI. *Exortação Apostólica Evangelli Nuntiandi*; sobre a evangelização no mundo contemporâneo. São Paulo, Paulinas, 1975. n. 34.

[3]   Cf. Concílio Vaticano II, *Constituição Dogmática Lumen Gentium*, n. 5b.

[4]   Cf. id., *Constituição Pastoral Gaudium et Spes*, n. 4.

versão, o Reino que se constitui em mistério aqui na terra, a comunidade como germe e início desse Reino, a vida transformada no futuro glorioso, em feliz esperança. Implica, portanto, a promoção da justiça e da libertação, dentro da qual Deus continua sua obra salvífica.

Um compromisso real

Escutar o chamado e assumir o serviço ao Reino de Deus exige disposição para superar limitações. A ação pastoral de leigos e leigas junto à sociedade obteve resultados motivadores, uma vez que o discipulado cristão conseguiu adentrar as mais diversas realidades sociais, políticas, econômicas e culturais. O compromisso religioso assumiu um potencial evangelizador à altura do combate contra as injustiças e suas estruturas, conseguindo *dar de beber a quem tem sede e de comer a quem tem fome,* literalmente.

Como um profeta, o agente de pastoral necessita saber ler a realidade de forma crítica, questionadora, incomodar-se e se posicionar sobre o que acontece. Aprofunda seus conhecimentos sobre a história da Salvação e a compreensão sobre a conjuntura política, econômica e social do mundo, pois assim saberá melhor fundamentar suas ideias e ações. Exercer a profecia no advento deste novo século é ter respostas concretas e alternativas de vida para situações conflitantes, de modo que elas possam gradativamente modificar estruturas mais amplas da sociedade.

Os evangelhos nos ajudam a discernir a partir do próprio testemunho do Cristo (cf. Mt 9,27-31; 15,10-20; Mc 2,18-22; Lc 7,11-17; 11,27-28; Jo 9,27-31), pelo qual somos chamados a compreender os desafios e as propostas a serem assumidos, para que seja efetivo nosso compromisso com o Evangelho.

Para pensar

Ao nos depararmos com as situações de escravidão, de exploração e de opressão relatadas no livro do Êxodo (cf. 1; 11; 14), infelizmente percebemos que elas ainda se fazem presentes. Projetos de morte acontecem a todo momento, tanto dentro de famílias como entre comunidades e países, no conflito armado e em guerras sangrentas, dentre muitos outros noticiados nos jornais. A alta tecnologia, o crescimento econômico com a globalização, os investimentos em pesquisas, por exemplo, não se configuraram em respostas, em projetos de vida e, a cada ano, século e milênio, agravantes na área da justiça social e da dignidade humana são ainda mais frequentes.

Deus enviou Moisés para promover a libertação e o projeto de vida clamado pelo povo hebreu que sofria com a escravidão no Egito (cf. Ex 3,1-10). Mesmo sentindo-se incapaz para tamanha responsabilidade, Moisés aceitou e acreditou no Deus verdadeiro e na sua promessa, e, agora, séculos depois, nos faz pensar se teríamos hoje profetas entre nós com sua coragem, e se não seríamos, a partir do compromisso com a nossa própria vocação, um deles.

Para aprofundar em grupo

Para ajudar no encontro de possíveis respostas, apresentamos para a leitura e reflexão três contextos essenciais que visam compreender a força da comunidade que é escolhida por Deus e edificada como Igreja para servir. Cada um deles deverá ser indicado na Bíblia com cores diferentes, simbolizadas da seguinte forma:

Em vermelho — as situações de conflito vividas pelo povo de Israel.

Ex 2,23-25; 5,6-9

Em amarelo — a mediação humana realizada por Moisés.

Ex 3,11; 4,1.8-9.13; 5,22-23; 6,12

Em verde — as ações de Deus para libertar.

Ex 3,7-10.12; 6,10-11; 9,1-4

As cores sinalizam os fatos, de modo que possamos reconhecer quais as situações em vermelho devem receber mais nossa atenção, uma vez que são desafios a serem superados. As situações em amarelo precisam ser consideradas de acordo com as possibilidades de cada membro da comunidade, para que, assim como Moisés, possamos realizar a vontade do Pai. Por fim, as indicações em verde simbolizam que podemos sempre confiar, pois Deus ouve e atende o clamor de seu povo.

Para vivenciar

A fé cristã é uma bonita história que se desenrola sob o olhar amoroso de Deus. A Revelação de Deus quer vida plena para seus filhos e quer cada um sábio o bastante para optar pelo melhor caminho. Deus, em Jesus Cristo, revela-se como Pai Misericordioso, que em sua bondade e sabedoria nos dá a conhecer o mistério de sua vontade. Por meio das maravilhas do mundo e do ser humano criado à sua imagem e semelhança, ele vem ao encontro de todos que sinceramente o buscam. Jesus, em sua missão, com suas obras e mensagens, alcança o mais elevado grau e se constitui no critério absoluto de interpretação na história da salvação.

As situações da vida tornam-se experiências quando compartilhadas, testemunhadas. Nelas são retratadas esperanças e valores que revigoram a participação de cada membro da comunidade. Não mais sozinhas, e sim edificadas em meio a tantos que vivem as mesmas alegrias e tristezas, as pessoas compreendem a maturidade de seu ser cristão e de ser, fazer, conhecer e viver a Igreja a todo tempo, momento e lugar.

Para celebrar

Pela realização do encontro, o grupo pode manifestar seu agradecimento pessoal, meditando o Salmo 146:

Aleluia!

Louva o Senhor, minh'alma,

Louvarei o Senhor enquanto eu for vivo,

Enquanto viver, cantarei hinos a meu Deus.

Não confieis nos poderosos,

Em seres humanos que não podem salvar,

Exalam o espírito e voltam ao pó da terra;

Nesse dia se acabam seus planos.

Feliz quem recebe auxílio do Deus de Jacó,

Quem espera no Senhor seu Deus,

Criador do céu e da terra,

Do mar e de quanto contém.

Ele é fiel para sempre,

Faz justiça aos oprimidos,

108 Cristãos a serviço do Reino

Dá alimento a quem tem fome.

O Senhor livra os prisioneiros,

O Senhor devolve a vista aos cegos,

O Senhor levanta quem caiu,

O Senhor ama os justos,

O Senhor protege os estrangeiros,

Ampara o órfão e a viúva,

Mas transtorna o caminho dos ímpios.

O Senhor reina para sempre,

O teu Deus, Sião, por todas as gerações.

Aleluia!

Bibliografia

Documentos

Catecismo da Igreja Católica. São Paulo, Paulinas, 1998.

CELAM. *Documento de Aparecida*; texto conclusivo da V Conferência Geral do Episcopado Latino-americano e Caribenho. São Paulo, CNBB/Paulus/Paulinas, 2007.

_____. *Missão e ministérios dos cristãos leigos e leigas*. São Paulo, Paulinas, 1999. (Documentos da CNBB, n. 62).

_____. *Diretrizes da ação evangelizadora da Igreja no Brasil 2003-2006*. São Paulo, Paulinas, 2003. (Documentos da CNBB, n. 71).

CONCÍLIO VATICANO II. *Vaticano II*; mensagens, discursos e documentos. São Paulo, Paulinas, 1998.

JOÃO PAULO II. *Exortação Apostólica Christifidelis Laici*. São Paulo, Paulinas, 1990.

_____. *Palavra de João Paulo II aos bispos do Brasil*. São Paulo, Paulinas, 2003.

PAULO VI. *Exortação Apostólica Evangelli Nuntiandi*; sobre a evangelização no mundo contemporâneo. São Paulo, Paulinas, 1975.

Estudos

CNBB. *Leigos e participação na Igreja*. São Paulo, Paulus, 1986. (Estudos da CNBB, n. 45).

_____. *Batismo, fonte de todas as vocações*; texto base do Ano Vocacional 2003. Brasília, CNBB, 2002.

FAMÍLIA FRANCISCANA DO BRASIL. *Devocionário da Família Franciscana*. Petrópolis, Vozes, 1996.

FAMÍLIA FRANCISCANA DO BRASIL. *Subsídio da Família Franciscana em preparação ao novo milênio*; celebração do ano 2000. Petrópolis, Vozes, 1998.

LUTZ, Gregório. *Celebrar em Espírito e Verdade*. São Paulo, Paulus, 1997.

PINHEIRO, José Ernanne. *A missão dos leigos rumo ao Novo Milênio*. São Paulo, Paulinas, 1997.

SANTO AGOSTINHO. *Confissões*. 4. ed. São Paulo, Paulus, 2002.

Sumário

Introdução 7

Encontro 1 – A experiência de Deus 13

Encontro 2 – A convocação que Jesus faz ao discipulado 25

Encontro 3 – A vocação batismal 35

Encontro 4 – A evangelização 43

Encontro 5 – Quem é o cristão leigo 51

Encontro 6 – Como é a comunidade 63

Encontro 7 – A espiritualidade 71

Encontro 8 – Os desafios de pertencer à comunidade 79

Encontro 9 – A formação permanente 89

Encontro 10 – O protagonismo dentro e fora da Igreja 99

Bibliografia.. 109

Impresso na gráfica da
Pia Sociedade Filhas de São Paulo
Via Raposo Tavares, km 19,145
05577-300 - São Paulo, SP - Brasil - 2009